商务日语视听说教程

主　编　宋媛媛
副主编　张雪松　李　芊　[日]永井一枝
编　者　田　静　杨乐颖
审　订　[日]福田学

外语教学与研究出版社
北京

图书在版编目（CIP）数据

商务日语视听说教程 / 宋媛媛主编 ；张雪松，李芊，（日）永井一枝副主编 ；田静，杨乐颖编. -- 北京 ：外语教学与研究出版社，2023.10
ISBN 978-7-5213-4842-2

I. ①商… II. ①宋… ②张… ③李… ④永… ⑤田… ⑥杨… III. ①商务－日语－听说教学－高等职业教育－教材 IV. ①F7

中国国家版本馆 CIP 数据核字（2023）第 190049 号

出 版 人　王　芳
项目策划　杜红坡
责任编辑　尹虹方
责任校对　杜红坡
封面设计　梧桐影
版式设计　彩奇风
出版发行　外语教学与研究出版社
社　　址　北京市西三环北路 19 号（100089）
网　　址　https://www.fltrp.com
印　　刷　三河市紫恒印装有限公司
开　　本　787×1092　1/16
印　　张　9
版　　次　2023 年 11 月第 1 版　2023 年 11 月第 1 次印刷
书　　号　ISBN 978-7-5213-4842-2
定　　价　45.00 元

如有图书采购需求，图书内容或印刷装订等问题，侵权、盗版书籍等线索，请拨打以下电话或关注官方服务号：
客服电话：400 898 7008
官方服务号：微信搜索并关注公众号“外研社官方服务号”
外研社购书网址：https://fltrp.tmall.com

物料号：348420001

使用说明

近年来，随着我国高等职业教育的蓬勃发展、中日两国之间文化交流和商务合作的日益加深，高职高专日语专业的人才培养和储备显得愈发重要。为了更好地培养能力全面的实用型商务日语人才，围绕商务日语开展的课程应运而生。其中，商务日语视听说便是一门以锻炼学生“视”“听”“说”能力为目的的核心课程。考虑到职业教育中日语专业的特点，本教材由高校资深一线教师、日本籍外教和从事对日贸易的企业员工共同编写而成。教材以高职高专日语专业二、三年级的学生和中高水平的一般日语学习者为对象，以实际情况为依据，精心设计了 15 个实用常见的商务日语应用场景，旨在让学生置身于真实的商务场景中，通过沉浸式互动学习，实现“视”“听”“说”三方面能力的提升。

板块介绍

本教材共有 15 章，每章由“学習目標”“覚えましょう！”“動画を見ましょう！”“動画の音声だけを聞きましょう！”“音声を聞きましょう！”“話しましょう！”“寸劇で演じましょう！”和“豆知識”8 部分构成，内容选材突出新颖、真实与实用，能极大地激发学生的学习兴趣，有效提高学生的语言运用能力、商务实战能力以及跨文化交际能力。

学習目標

根据每章的具体商务场景，设置了学生需要掌握的语言能力和跨文化交际能力的目标，同时结合国家思政教育方针，体现了每章课程思政的学习目标。

覚えましょう！

在正式进入视听说学习之前，对本章涉及的高频核心词汇和句型知识做出整理提示，为本章教学的顺利开展提供良好支撑。

動画を見ましょう！

本部分正式开始了商务文化知识的导入，是学生进行“视”“听”“说”的热身活动。本部分以真实的商务场景为基础录制了会话视频，视频由日企一线员工拍摄而成。

学生观看视频，熟悉本章涉及的日本商务文化，再根据教材的设问，围绕视频片段展开讨论，自己总结看到和听到的商务日语知识，有一定的挑战性。

動画の音声だけを聞きましょう！

本部分是针对“動画を見ましょう！”部分出现的商务场景视频的听力专项练习，即要求学生不看视频，只听声音后做练习题。有了前面视频的商务知识的铺垫，学生便能根据场景较为准确地进行听力预测，提高答题准确率。

音声を聞きましょう！

本部分也是听力练习，题目设置了不同的商务场景，学生听了录音后做回答，可训练学生对不同商务场景的听解能力。

話しましょう！

本部分是针对商务日语会话能力的练习。这部分的题目均含括了本章的常用商务表达方式的口语示例，帮助学生在视听训练之后，通过说的方式，强化对知识的理解和记忆，助力学生学完本章内容后熟练表达自己的想法。

寸劇で演じましょう！

本部分是针对商务日语视听说综合能力的练习。该部分设置了与本章呼应的商务场景，学生根据要求扮演不同的商务角色，以短剧表演的形式进行商务实战演练，新颖的练习方式可进一步激发学生的学习兴趣。

豆知識

本部分是根据每章的主题设计的商务知识小专栏。该专栏专门介绍日本企业文化及商务语言习惯方面的特点，旨在帮助学生更好地理解企业文化，更好地进行跨文化交际。

教材基于 OBE（Outcome-Based Education）成果导向教学理念编写，要求学生在看懂日本商务文化，听懂不同商务情境下的日语常用表达方式的基础上，能够以短剧表演的形式产出自己的学习成果。教师使用本教材时，可注意强化学生的综合语言运用能力。

教学建议

教师在授课时可分为 2 课时完成每章的内容。第 1 课时，教师可让学生在课前自行完成教材的“学習目標”和“覚えましょう！”，教师授课时用 5—8 分钟检验学生对本章学习目标的理解、对高频核心词汇和句型知识的掌握情况。

“動画を見ましょう！”部分，建议教学时长为 10—15 分钟。教师可让学生在课堂上自行观看视频，讨论并说出视频的内容梗概，以观察学生的听说水平；然后再引导学生根据教材的设问，聚焦视频内容，输出相关的商务日语知识。这部分对于学生而言有一定的难度。

“動画の音声だけを聞きましょう！”部分，建议教学时长为 8—10 分钟。学生在理解了视频内容的基础上再进行盲听，能够较为准确地完成听力测试。

“音声を聞きましょう！”部分，建议教学时长为 8—10 分钟。教师可让学生先听完所有题，再根据学生的情况进行重点讲解。在讲解时，教师可引导学生注意听关键词和关键句，帮助学生提高听力预测能力。

第 2 课时，教师的教学重点应放在训练、检测学生的听说能力上。“話しましょう！”部分，建议教学时长为 15—20 分钟。教师引导学生根据教材的商务会话示例，进行口语训练。

“寸劇で演じましょう！”部分，建议教学时长为 15—20 分钟。学生在完成本章基础会话训练后，能够较好地掌握本章的商务常用表达方式。在此基础上，教师可要求学生按照教材提供的商务场景和要求，以小组合作的方式编写短剧场景并演绎出来，以检测学生的学习效果。

“豆知識”部分，建议教学时长为 5—8 分钟。教师可让学生自行阅读后说出知识要点，加深学生对日本企业文化及商务语言使用习惯的理解。

此外，为更好地提高学生们的学习效果，本教材配有练习题音频和情景视频，其中情景视频由教材编写团队亲自开发录制，可为学生们打造身临其境的学习体验。

教材编写团队

2023 年 9 月

目　录

第一章 ビジネスマナー

学習目標

1. 能够看懂商务活动中的礼仪细节。
2. 能够听懂商务礼仪中的基本术语和常用表达方式。
3. 能够掌握商务活动中的商务礼仪。
4. 以辩证的观点看待中日礼仪的差异性特征，增强民族自豪感。

覚えましょう！

キーワード

挨拶《あいさつ》　表情《ひょうじょう》　会釈《えしゃく》　プロモーション　ミーティング

身《み》だしなみ　言葉遣《ことばづか》い　格好《かっこう》　健闘《けんとう》　遅延《ちえん》　アナウンス

遅延証明《ちえんしょうめい》

重要表現

1　～にしても

无论是……还是……；……也好……也好

例　勉強にしても運動にしても、真面目にやってください。

やるにしてもやらないにしても、予めに教えておいてください。

2　～たら

如果……就；若是……

例　明日雨が降ったら、スポーツ大会は中止だろう。

会社に着いたら、電話をください。

3　～として

作为……

例　彼を親友として扱います。

趣味として、ダンスを習っています。

4　～しかない

只好……；只能……

例　嫌にしても、我慢するしかない。

終電が行ってしまったから、タクシーで帰るしかない。

動画を見ましょう！

場面1から3までの動画を見て、質問に答えなさい。

1	どのような挨拶をすると、相手に良い印象を与えることができますか？グループで討論しなさい。そして、要点をまとめなさい。

2	会社でのふさわしい身だしなみとふさわしくない身だしなみをそれぞれ述べなさい。

動画の音声だけを聞きましょう！

場面1から3までの良い例を聞いて、abcdの中から正しいものを一つ選びなさい。

1　日常の正しい挨拶の仕方はどれですか。

ⓐ 自分から挨拶をし、お辞儀（会釈）をする。

ⓑ 自分からお辞儀（敬礼）をしてから、挨拶をする。

ⓒ 相手が挨拶とお辞儀（敬礼）をしてから、自分が挨拶とお辞儀（敬礼）をする。

ⓓ 自分から挨拶をし、お辞儀（敬礼）をする。

2　外出するときのマナーとして正しくないものはどれですか。

ⓐ 取引先の予定を確認する。

ⓑ 書類の中身を確認する。

ⓒ 服装と身だしなみを整える。

ⓓ 外出することを上司や同僚に伝えない。

3　会社に遅刻するときにどのように対応すべきですか？

ⓐ 遅刻することを同僚に伝える。

ⓑ 会社に到着してから、遅刻した理由を上司に伝える。

ⓒ 遅刻がわかった時点で上司にまず電話で連絡し、出勤可能な時間を伝える。

ⓓ 遅刻することを同僚に伝え、上司に伝えてもらう。

4　会話の内容と合っているのはどれですか。

ⓐ 王さんは大和商社へ行くのに、遅刻した。

ⓑ 王さんは、大和商社へ行って、新製品のプロモーションをする予定である。

ⓒ 王さんは寝坊をして出勤が30分遅れる予定である。

ⓓ 王さんは朝列車が遅延しましたが、出勤時間に間に合った。

場面2と3の良い例をもう一回聞いてから、それぞれ①と②を穴埋めしなさい。

①王楽：部長、これから______の大和商社へ______________。______________です。

部長：ああ、先日一緒に____________新製品の____________の件でしたね。

王楽：はい、そうです。____。

部長：________________________。________を祈ります。

王楽：ありがとうございます。________________________。

②王楽：（電話で）部長、____。

永本：はい、では、____。

王楽：はい、_______________________。

（王さん出勤後）

王楽：部長、_____________________。遅れて申し訳ありませんでした。____。

部長：はい、_____________________。

音声を聞きましょう！

次の1から4までの音声をよく聞いて、正しい答えを一つだけ選びなさい。

1　第一印象は何秒で決まると言われていますか。

ⓐ 3秒。

ⓑ 5秒。

ⓒ 9秒。

ⓓ 10秒。

2　人は第一印象で相手を決めてしまう傾向があるという、心理効果を何といいますか。

ⓐ 印象効果。

ⓑ 初頭現象。

ⓒ 心理効果。

ⓓ 初頭効果。

3 メラビアンの法則によると、第一印象の55％は何によって決まりますか？

ⓐ 聴覚。

ⓑ 言語。

ⓒ 目・耳からの情報。

ⓓ 視覚。

4 いいイメージを作るには、何が大切ですか。

ⓐ 込められた心や気配り。

ⓑ 挨拶の仕方、正しい敬語の使い方、名刺交換の仕方、メールの書き方、電話の応対。

ⓒ 笑顔、挨拶、立ち居振る舞い、身だしなみ、言葉遣い。

ⓓ 笑顔。

話しましょう！

以下の質問に答えなさい。

1 会社の始業時間は午前８時半です。会社には何時に到着したら良いですか？

2 自分の仕事が早く終わったときはどうしたら良いですか？

3	職場では、公私混同してもよいですか？よくありませんか？その理由は何ですか？

4	仕事でわからないことがあったとき、どうしたらいいですか？

5	勤務時間中に外出する時、上司に何を伝えたら良いですか？

6	仕事中に頬杖をついたり、足を組んだりしても良いですか？その理由は何ですか？

寸劇で演じましょう！

会社では様々な場面で挨拶が必要です。では、次の場面を想定して、場面にふさわしい対応を寸劇で演じなさい。

場面

大変寒い雪の降る朝です。あなたはある日係会社の社員です。今日は朝一番で取引先へ行き、9時から製品企画ミーティングの予定ですが、雪のため電車が定刻通りに出発できず、遅刻しそうです。まずは上司A課長に状況を連絡し、その後取引先の担当者Bさんに電話で遅刻の連絡をしてください。

豆知識

日本では中小企業以上であれば、ほとんどの企業が新入社員研修でビジネスマナー5原則について学びます。

みなさんも**ビジネスマナー５原則**を知って、第一印象美人になりましょう。

ビジネスマナー5原則

●笑顔・表情：安心感をもたらす笑顔、表情（視覚）

●挨拶：相手との距離を縮める挨拶（聴覚）

●立居振舞い・態度：信頼を呼ぶ立居振舞い（視覚）

●身だしなみ：好印象を与える身だしなみ（視覚）

●言葉遣い：誠意がこもった言葉遣い（聴覚）

●笑顔：安心感をもたらす笑顔、表情

自分が笑顔でいると、相手も笑顔になります。そして、相手に安心感を与えることができます。

●挨拶：相手との距離を縮める挨拶

挨拶は、コミュニケーションの第一歩です。相手に伝わる挨拶をしましょう。

お辞儀の種類

a)会釈、b)敬礼、c)最敬礼の3種類があります。

a)会釈：軽いお辞儀（上体を約15度傾ける）→廊下ですれ違う時など

b)敬礼：普通のお辞儀（上体を約30度傾ける）→お客様の送迎・一般的な挨拶

c)最敬礼：丁寧なお辞儀（上体を約45度傾ける）→お詫びや感謝等深い思いの時

●立居振舞い：信頼を呼ぶ立居振舞い

相手の目を見て話をしたり、話を聞いたりするなどの態度。物を渡すときに、手を添えるなど美しい所作。また接客の際にはおもてなしの心が現れます。

●身だしなみ：身だしなみで好印象

社会人として仕事するのにふさわしい恰好・身だしなみがあります。おしゃれとは異なります。

好印象を持たれる服装のポイントは

・清潔感

・若々しさ

・上品で落ち着いた感じ

・働きやすさ

また、服装だけではなく、髪や爪のお手入れ、ひげそり等も毎日行います。

●言葉遣い：誠意がこもった言葉遣い

正しい言葉遣いをすれば相手に信頼を与えることが出来ます。敬語を正しく使うだけでなく、感じの良い言い回しをすることも大切です。

その他の社会人としての基本マナー

✓始業5分前には席に着きましょう

✓時間厳守しましょう

✓挨拶は省略しないようにしましょう

✓公私混同しないようにしましょう

✓デスクの上は整理整頓を心がけましょう

第二章 面接

学習目標

1. 能够看懂面试中进入房间、应答以及离开房间等环节的基本礼仪。
2. 能够听懂面试中的常用表达方式。
3. 能够熟练回答面试中的常见提问。
4. 为培养合格职场人应具备的精神面貌和诚信的品质做准备。

覚えましょう！

キーワード

御社《おんしゃ》　やり通《とお》す　困難《こんなん》　乗《の》り越《こ》える　継続《けいぞく》　求人《きゅうじん》　惹《ひ》かれる

一丸《いちがん》　志望《しぼう》　特技《とくぎ》　資格《しかく》　経営《けいえい》　鍛《きた》える　評価《ひょうか》　面倒見《めんどうみ》

付《つ》き合《あ》い　販売《はんばい》　マーケッティング　衣料品《いりょうひん》　接触《せっしょく》　充実《じゅうじつ》

重要表現

1　～おかげで

多亏，幸亏；由于；托您的福。

例　学校の近くにスーパーができたおかげで、とても便利になりました。
おかげで、入学試験に合格しました。

2　ようになる

变得……；逐渐能……

例　この頃は、泳げるようになりました。
日本語が話せるようになりました。

3　～さえ～ば

只要有……；只要没有……。

例　努力さえすれば、成功できると信じています。
静かでさえあれば、遠くてもいいです。

4　～つもり

计划，打算

例　来年は運転免許を取るつもりです。
これから進学するつもりです。

動画を見ましょう！

場面1から3までの動画を見て、質問に答えなさい。

1　面接を受ける際に注意すべきことは何ですか。グループで討論しなさい。そして、要点をまとめなさい。

2　面接マナーについて、正しいやり方と正しくないやり方を書きなさい。

動画の音声だけを聞きましょう！

場面1から3までの良い例を聞いて、abcdの中から正しいものを一つ選びなさい。

1　大学の漫画クラブに参加して、王さんがわかったことは何ですか。

ⓐ 友達と遊ぶ時間は少なくなったこと。

ⓑ 漫画の描き方は簡単で、学びやすいこと。

ⓒ 漫画を描くのはハードだが、どんな困難に遭っても、努力さえすれば、絶対乗り越えることができること。

ⓓ 漫画を描くのはハードだから、立派な漫画が描けなくてもいいこと。

2　王さんはどのような特技や資格を持っていますか。

ⓐ BJTビジネス日本語能力テストJ1を持っている。

ⓑ 実用英語技能検定2級を持っている。

ⓒ 日本語能力試験N1を持っている。

ⓓ 日本語能力試験N1とBJTビジネス日本語能力テストJ1を持っている。

3　王さんの志望動機は何ですか。

ⓐ 会社は給料が高いこと。

ⓑ 会社の経営理念と行動指針に魅力を感じること。

ⓒ 会社は賃貸住宅を提供すること。

ⓓ 会社はたくさんの支店を持っていること。

4　会話の内容と合っているのはどれですか。

ⓐ 王さんの専攻は漫画だ。

ⓑ 王さんはいつも積極的な態度である。

ⓒ 王さんは日本語は下手だが、英語は上手だ。

ⓓ 王さんはにぎやかなことが好きなタイプだ。

場面2の良い例をもう一回聞いてから、王楽の志望動機について穴埋めしなさい。

御社の__________を拝見して、「__________」という御社の__________に__________。御社の「__________」という__________________のなかで、社員が_______となり、お客様に____________の満足を提供していく__________に深く__________しました。チャンスがあれば、私も__________として__________と考え、志望させていただきました。

音声を聞いて答えましょう！

次の1から4までの音声をよく聞いて、正しい答えを一つだけ選びなさい。

1 アルバイトを通じて、李さんがわかったことは何ですか。

ⓐ 日本人の食文化。

ⓑ お客さんを第一に考えること。

ⓒ 日本人の食文化がわかっただけでなく、サービス業でお客さんを第一に考えること。

ⓓ 日本人の真面目なやりかた。

2 王さんは周りの方から、どのように評価されていますか。

ⓐ 明るくて活発な人。

ⓑ 面倒見がいい人。

ⓒ 前向きな人。

ⓓ 若い人。

3 趙さんはどんな仕事に向いていると思っていますか。

ⓐ 会計。

ⓑ マネージャー。

ⓒ 通訳。

ⓓ 販売やマーケッティング。

4　黄さんにとって、仕事というのはどんな存在ですか。

ⓐ お金を稼ぐための場所。

ⓑ 社会で活躍するための場所。

ⓒ 自分の夢を実現するための場所。

ⓓ 他人のための場所。

話しましょう！

以下の例を参考にして、質問に答えなさい。

1　簡単に自己紹介してください。

例 **私は、山田と申します。**

出身は～で、大学で～を勉強しました。

～が大好きですから、～に参加して、～。

今では、～ようになりました。

～さえ～ば、～ことができます。

2　これまでの仕事或いはアルバイトの内容などを教えてください。

例 **ABC会社で、会計を担当していました。**

～課／部署で～の／という仕事をしていました。

～店で～アルバイトをしていました。

～仕事／アルバイトを通じて、～ことがわかりました。

3　あなたはどのような特技や資格がありますか。

例 **～を持っています。（日本語能力試験N1／大学英語テストの6級／教員免許状など）**

これから、～資格を取りたいと思います。

4 あなたの希望動機について話してみてください。

例 **私は自分の創造力を生かさせるような企業で働きたいです。**

私は御社を志望するのは～だからです。

私は～という理由で御社に入社したいのです。

～を生かして御社に貢献したいです。

5 当社に落ちた場合は、どうしますか。

例 **もし落ちたら、諦めずに引き続き努力します。**

そういうことを考えたことがあります。不採用になっても、～

寸劇で演じましょう！

入社や入学、あるいはアルバイトに応募する時は、面接が必要です。以下の場面から一つを選び、寸劇で演じなさい。

場面 1

学生のＡさんは専門が日本語で、日本語能力試験N1を取りました。また、日本人に中国語を教えた経験もあります。今仕事を探していて、今日、○○翻訳会社の面接をうけます。

面接官のＢさんはＡさんの専門、資格、仕事の経験、志望動機などを聞いてください。

場面 2

Ａさんは中国○○大学の三年生です。専門は日本語ですが、絵を描くのも好きです。今まで、アルバイトとして小学生に絵を描くことを教えた経験があります。来年、日本へ留学にいくつもりです。今日は、インターネットで日本の○○大学の面接をうけます。

面接官のＢさんはＡさんの自己紹介を聞いてから、日本に留学したい理由、学科を志望した理由、学費の負担、卒業の予定などについて質問してください。

豆知識

面接の質疑応答

面接では、あなたの学校での勉強や生活、仕事の経験、志望動機を中心に聞かれることが多いです。例えば、「大学でどんな資格を取りましたか」「大学でサークル活動やアルバイトはしていましたか」「どうして弊社を志望したのですか」といった質問がされます。また、「今まで成功したことや失敗したことを教えてください」「自分を物に例えると何ですか」といった質問もあります。それぞれの質問によって、面接官はあなたの仕事に対する考え方や判断力、あなたの性格、人となりなどをチェックしているのです。ですから、事前に質問を予測して答えを準備し、できるだけ面接官に自分の良いところをアピールしましょう。例えば、「どうして弊社を選んだのですか」と質問された場合、その会社の規模や社会的評価、過去の出来事やこれから取り組もうとしていることなどを予めに調べておいて、「私は御社を志望するのは～だからです」と結論を告げて答えたら、分かりやすいし、説得力もあります。また、「もし不採用になったら、どうしますか」と質問された場合、あなたは自分のやりたいこと、夢や目標を実現させるために、これからどうすべきかを答えると、面接官によい印象を与えることができます。

第三章 電話の受付

学習目標

1. 能够看懂接打电话的基本商务礼仪。
2. 能够听懂接打商务电话、留言以及转达的常用表达方式。
3. 能够流利地接打、转接商务电话，熟练地向上司转达客户的留言或向同事转达上司的留言。
4. 为培养严谨细致的工作态度和责任意识做准备。

覚えましょう！

キーワード

株式《かぶしき》　商品《しょうひん》　サンプル　営業部《えいぎょうぶ》　開発《かいはつ》　先方《せんぽう》　作業《さぎょう》　次第《しだい》

口調《くちょう》　トーン　散漫《さんまん》　手元《てもと》　筆記用具《ひっきようぐ》　総務部《そうむぶ》　経理部《けいりぶ》

出張費《しゅっちょうひ》　発注書《はっちゅうしょ》

重要表現

1	**お／ご～になります** 尊敬语，用于尊长行为。

例　先生は午後4時ごろお帰りになりました。
鈴木部長は、昨日上海にご出張になりました。

2	**お／ご～いたします** 自谦语，用于自己行为。

例　お荷物をお預かりいたしましょう。
すぐお調べいたします。
ご連絡いたします。

3	**～予定です** 预定。

例　来月マレーシアに1週間ほど滞在する予定です。
来年の3月まで中国にいる予定です。

4	**～次第** 一旦……就……

例 スケジュールが決まり次第、連絡してください。
でき次第、お届けいたします。

5	～ながら 一边……一边……

例 李さんは携帯をいじりながら、お母さんの話を聞いています。
息子は音楽を聴きながら、宿題をしています。

動画を見ましょう！

場面1から3までの動画を見て、質問に答えなさい。

1	電話を掛けたり、受けたりする場合、注意すべきところは何ですか。グループで討論しなさい。そして、要点をまとめなさい。

2	電話マナーについて、正しいやり方と正しくないやり方を書きなさい。

動画の音声だけを聞きましょう！

場面1の良い例と場面2を聞いて、abcdの中から正しいものを一つ選びなさい。

1　王さんは何のために電話を掛けましたか。

ⓐ 挨拶するため。
ⓑ 商品のサンプルのため。
ⓒ 共同開発のため。
ⓓ 商談時間を変更するため。

2　若田さんは部長がいつごろ帰ると言っていますか。

ⓐ 今週の月曜日。
ⓑ 今週の火曜日。
ⓒ 来週の月曜日。
ⓓ 来週の火曜日。

3　若田さんは王さんからの電話を受けてから、何をしますか。

ⓐ 王さんに電話を掛けなおす。
ⓑ 王さんからの電話を待つ。

ⓒ 部長に王さんからの伝言を伝える。

ⓓ 何もしない。

4　会話の内容と合っていないのはどれですか。

ⓐ 電話応対は勝手なことではない。

ⓑ 他の作業をやりながら電話をする人が少ない。

ⓒ 電話応対をする時に、口調、声のトーン、周囲の音などで気が散漫であることが相手にもすぐ分かる。

ⓓ 電話を掛けたり受けたりする時は、必ず手元にメモと筆記用具を置いておくこと。

場面1の良い例をもう一度聞いてから、後半の部分を穴埋めしなさい。

……（前略）

若田：__________________。お待たせしました。営業部の若田ですが。

王楽：若田様ですか。____________________。中国光明電気株式会社営業部の王楽です。__________________。

若田：王楽さんですか。いつもお世話になっております。

王楽：実は、__________________で、__________________のですが。

若田：____________________________________。

王楽：そうですか。__________________。

若田：そうですね。__________________________________、何かお伝えいたしましょうか。

王楽：申し訳ありませんが、お願いします。______________________________と伝えていただきたいんですが。

若田：____________________________________ということですね。（メモを取る）。

王楽：はい、そうです。

若田：__________________。部長が戻り次第、__________________。

王楽：よろしくお願いします。__________________。

若田：失礼いたします。

音声を聞きましょう！

次の1から4までの音声をよく聞いて、正しい答えを一つだけ選びなさい。

1　営業部の森本さんは何番の電話に出ましたか。

ⓐ 3番。

ⓑ 8番。

ⓒ 5番。

ⓓ 電話に出なかった。

2　中島さんは何の件で電話を掛けましたか。

ⓐ 給料の件。

ⓑ 残業代の件。

ⓒ 海外出張費の件。

ⓓ 家賃の件。

3　男性社員が女性社員と話しています。男性社員はこの後何をしますか。

ⓐ 太陽商事へ行く。

ⓑ 伝言を預かる。

ⓒ 電話をかけなおす。

ⓓ 電話番号を聞く。

4　男性社員と女性社員が電話で話しています。女性社員はこの後何をしますか。

ⓐ 取引先に電話をする。

ⓑ 栗田さんと連絡を取る。

ⓒ ファックスで発注書をだす。

ⓓ 取引先に発注書を届ける。

話しましょう！

以下の例を参考にして、質問に答えなさい。

1　電話を掛ける場合、相手の会社の人が出たら、はじめにどのように言いますか。

例 **～社～課／部の○○ですが、いつもお世話になっております。～課／部の課長／部長の○○様をお願いしたいのですが。**

～社～課／部の○○と申しますが、いつもお世話になっております。～課／部の○○課長／部長の○○様をお願いします。

2　電話を掛ける場合、相手が不在のとき或いは会議中のとき、どのようにしますか。

例 **○○課長／部長はいつお戻りになりますか。では、○○課長／部長がお戻りになったら、お電話をいただきたいと、お伝えいただけませんか。**

会議はいつまでですか。では、～分後／～時間後にもう一度お電話を差し上げますので、そう伝えていただけませんか。

3　取引先に電話を掛ける場合、相手が電話に出たら、どのように言いますか。

例 **～課／部の○○様ですか。いつもお世話になっております。～社～課／部の○○ですが、実は、～の件で、○○課長／部長と相談したいのですが。**

～課／部の○○様ですか。いつもお世話になっております。～社～課／部の○○ですが、突然お電話して申し訳ありません。実は、～の件で、ちょっと相談したいことがございまして……

4　取引先から電話を受けた時点で、担当者が社内にいる場合、どのように言いますか。

例 **～社～課／部の○○様ですね。ただいま代わりますので、少々お待ちください。**

～社～課／部の○○様ですね。ただいま担当者の者と代わりますので、少々お待ちください。

5　取引先から電話を受けた時点で、担当者が社内にいない場合或いは電話中や会議中の場合、どのように言いますか。

例　**誠に申し訳ございません。あいにく、○○はだた今電話中でございますので、しばらくお待ちいただけませんか。／～分後に、お電話をするように伝えておきましょうか。**

誠に申し訳ございません。○○はだた今会議中ですので、何かご用でございましようか。／もし、お差支えがなければ、私が代わってお話をお伺いしましょうか。

誠に申し訳ございません。○○はただ今外出中でございますが、代わりの者でよろしければ、○○の部署の者におつなぎできますが、いかがでしょうか。／後ほどお電話いただけないでしょうか。／こちらから、お掛け直しいたしましょうか。

6　取引先から電話を受けた時に、担当者があいにく不在でした。本人が戻ったら、どのように伝言を伝えたらいいでしょうか。

例　**課長／部長、～分前に、○○社の○○様からお電話がございまして、折り返し電話してほしいとのことでした／とのご伝言でした。**

先ほど前に、○○課長／○○部長からお電話があって、折り返し電話してほしいとのことだよ。

寸劇で演じましょう！

電話応対では、いろいろな状況が起こる可能性があります。たとえば、相手が不在の場合や会議中の場合、あるいは出張中の相手の携帯電話にどうしても繋がらない場合などたくさんあります。では、以下の場面から一つを選び、寸劇で電話応対の場面を演じてみなさい。

場面１

あなたは○○会社の営業部の部長です。契約の件で、○○会社の営業部のＡさんと相談したいので、○○会社に電話を掛けました。あいにく、Ａさんがただいま会議中で、電話を受けたのはＡさんの同僚でした。

場面 2

あなたは○○会社の受付係です。取引先が電話をしてきました。あいにく、担当者が席をはずしています。

場面 3

あなたは見積書の件で、○○会社の営業部のＢさんと相談したいのですが、どうしてもＢさんと連絡が取れません。

豆知識

伝言の仕方と受け方

本人が不在の時、外出している時、電話中や会議中の時など、どのように伝言をしたらいいのかと考えたことがありますか。そんな時は、「では、ご伝言をお願いします」「では、○○様に○○から電話があったとお伝えいただけませんか」「○○様がお戻りになったら、お電話をいただきたいと、お伝えいただけませんか」と言えばいいのです。また、伝言を受けた場合、「その旨、伝えておきます」「では、そのように伝えておきます」「○○が戻り次第、そのように申し伝えておきます」と言いましょう。なお、必ず相手側の名前、連絡先や伝言内容などを複唱してから、自分の名前や部署などを相手に告げてください。

第四章　アポイント

学習目標

1. 能够看懂商务场合下电话预约所需的职业要求。
2. 能够听懂与预约相关的基本术语和常用的预约表达方式。
3. 能够使用正确的表达方式，通过电话取得、取消以及变更预约。
4. 培养换位思考的良好品德。

覚えましょう！

キーワード

立《た》て込《こ》む　打《う》ち合《あ》わせ　日時《にちじ》　変更《へんこう》　不都合《ふつごう》　当日《とうじつ》　事情《じじょう》　指定《してい》

伺《うかが》う　プロジェクト　急病《きゅうびょう》　工場建設《こうじょうけんせつ》　プロジェクター

故障《こしょう》

重要表現

1　～のに

明明……却……

例　11月なのに、まだ夏のように暑いです。

今日、電話をかけたのに、誰も出ませんでした。

2　～ば

假如；如果……的话。

例　田中さんが行けば、私も行きます。

よろしければ、お伺いしたいと思います。

3　～について

关于……；就……

例　商品開発の件について、ご相談したいことがあります。

これから、見積書の件について、説明します。

4　使役动词て形＋ていただきます

请允许我……；请让我……

例　では、発表させていただきます。

一時間ほど休ませていただきます。

5 ～なら
那个嘛；　要是……的话

例 のりなら、そこのデスクの上に置いてありますよ。
そういう事情なら、仕方がありませんね。
転職するなら、先輩に相談しておいたほうがいいですよ。

動画を見ましょう！

良い例と悪い例の動画を見て、質問に答えなさい。

1 アポイントをとる際に注意することは何ですか。グループで討論しなさい。そして、要点をまとめなさい。

2 もし、初対面の取引先の人に外で会う場合は、どうしたらいいでしょうか。グループで討論しなさい。そして、要点を書きなさい。

動画の音声だけを聞きましょう！

良い例を聞いて、abcdの中から正しいものを一つ選びなさい。

1	王さんが変更したいのは何ですか。

ⓐ 打ち合わせんの件。
ⓑ 打ち合わせの場所。
ⓒ 打ち合わせの人数。
ⓓ 打ち合わせの日時。

2	王さんはどうして商談時間を変更しました。

ⓐ 突然病気にかかったから。
ⓑ 急に会議があるから。
ⓒ 急に出張することになったから。
ⓓ 急に社内の打ち合わせをすることになった。

3	永本さんは王さんにいつごろ来てほしいと言っていましたか。

ⓐ 今月の上旬ごろ。
ⓑ 今月の中旬ごろ。
ⓒ 今月の25日。
ⓓ 今月の26日。

4 会話の内容と合っているのはどれですか。

ⓐ 永本さんは今月の中旬ごろ中国へ行く予定がある。

ⓑ 永本さんは今月の中旬ごろアメリカでの企業訪問がある。

ⓒ 王さんは今月の13日に東京へ永本さんに会いに行く。

ⓓ 王さんは最後に、アポイントを取り消すことにした。

音声を聞きましょう！

良い例をもう一度聞いて、穴埋めしなさい。

永本：お待たせしました。永本です。

王楽：こんにちは、王楽です。________________、先日________________打ち合わせの件、________________と思い、________________。

永本：ああ、そうですか。________________。

王楽：ええ、実は、________________。

永本：____________________________。

王楽：______________、13日以後で、____________________________。

永本：そうですか。ちょっと困りますが、今月の中旬ごろ、____。

王楽：そうですか。では、________________、お伺いします。____。

永本：____。

王楽：____________________________。では、________________________________。

永本：________________、空いていますが。

王楽：わかりました。では____________________________________。

永本：はい、お待ちしております。

王楽：ありがとうございます。____________________________。____。

永本：では、__________________。失礼します。

王楽：はい、失礼いたします。

音声を聞きましょう！

次の1から4までの音声をよく聞いて、正しい答えを一つだけ選びなさい。

1　男の人と女の人が話しています。男の人はいつお伺いしますか。

ⓐ 今週の金曜日午前10時半ごろ。

ⓑ 来週の月曜日午前10時半ごろ。

ⓒ 今週の金曜日午後1時半ごろ。

ⓓ 来週の月曜日午後1時半ごろ。

2　男の人と女の人が話しています。打ち合わせをいつに変更しましたか。

ⓐ 今週の水曜日の午前10時ごろに変更した。

ⓑ 今週の木曜日の午後2時ごろに変更した。

ⓒ 来週の月曜日の午後4時ごろに変更した。

ⓓ 来週の水曜日の午前10時ごろに変更した。

3　上司と部下が話しています。いつ打ち合わせをしますか。

ⓐ 来週の月曜日の午後3時ごろ。

ⓑ 来週の火曜日の午後3時ごろ。

ⓒ 今週の水曜日の午後3時ごろ。

ⓓ 今週の木曜日の午後3時ごろ。

4　社内で、二人が話しています。どうして打ち合わせの場所を変更しますか。

ⓐ その日に一階の会議室で会議があるから。

ⓑ 一階の会議室は五階のショールームより広いから。

ⓒ 一階の会議室のプロジェクターが突然故障して、使えなくなってしまったから。

ⓓ 一階の会議室より五階のショールームのほうが明るくて広いから。

話しましょう！

以下の例を参考にして、質問に答えてみなさい。

1　アポイントを変更したり取り消したりする場合、どうすればいいのですか。

例　大変申し訳ございませんが、お約束の日時を変更していただきたいんですが。

誠に申し訳ないのですが、お約束を取り消していただけないでしょうか。

2　アポイントの時間に遅れそうな場合はどうすればいいのですか。

例　申し訳ございませんが、～が延びて、お約束に～分ほど遅れてしまいそうなのですが、お待ちいただけますでしょうか。よろしいですか。ありがとうございます。

申し訳ございませんが、渋滞ですので、お約束に～分ほど遅れそうですが、お待ちいただけますでしょうか。よろしいですか。ありがとうございます。

3　新規客を訪れようとする場合、どのように上手にアポイントを取りますか。例を挙げて、話しなさい。

例　～について、電話ですと詳しいお話ができませんので、一度お会いして、ご説明したいのですが。そちらのご都合に合わせますので、いつがよろしいでしょうか。

突然、お電話で失礼いたします。～会社の～と申しますが、～のご説明／ご紹介に伺いたいのですが、～分ほどお時間をいただきたいと思いまして、そちらのご都合のよい日をご指定いただけませんか。

寸劇で演じましょう！

ビジネスの場合、どのようにアポイントを取ったり変更したりするでしょうか。以下の場面から一つを選び、寸劇で演じてみなさい。

場面 1

あなたは○○会社の営業部の社員であり、新製品の件で、取引先のＢさんに電話して、アポイントを取ろうとしています。

場面 2

あなたは○○会社の営業部の社員であり、取引先のＢさんと約束をとりましたが、急に出張することになってしまいましたので、約束を取り消そうとしています。

場面 3

あなたは○○会社の営業部の社員であり、取引先のＢさんと約束をとりましたが、道路が渋滞になってしまいましたので、約束の日時を変更しようとしています。

豆知識

アポイントを取る

取引先に会いに行くときは、アポイントを取るのがマナーです。ビジネスの場合、一般的に電話かメールでアポイントを取るのです。電話とメールと比べると、もちろん電話のほうが効果的で、便利ですが、突然電話でアポイントを取るのは失礼なことですから、前もって、せめて一週間ほど前にアポイントを取るのが普通です。

電話でアポイントを取る場合、「～の件で、貴社と具体的な商談を行いたいのですが、いつがよろしいでしょうか」「～について、お会いして話したいのですが、お時間をいただけませんか」というのが普通ですが、もし突然のことで、アポイントを取り消したり変更したりしなければならない場合は、「申し訳ないのですが、急に明日出張の連絡を受けましたので、金曜日の約束はちょっと…」「急に用事がありましたので、午後の予定を変更していただきたいのですが」と必ずお詫びの気持ちを込めて話してください。何度も取り消したり変更したりしていると、信用を失ってしまいますので、できるだけ約束を守ってください。なお、日本の新年、ゴールデンウィーク、およびお盆の時期に多くの企業が長期休暇となりますので、日本企業への訪問や面会などのアポイントを避けるようにしてください。

第五章 来客への応対

学習目標

1. 能够正确理解接待访客时询问、引导、介绍、送别等环节的基本礼仪。
2. 能够听懂并掌握接待访客的基本术语和常用表达方式。
3. 熟练运用所学语言及商务礼仪知识讨论与接待访客相关的话题，并分组演练。
4. 培养与不同文化背景的人打交道时灵活应变的能力。

覚えましょう！

キーワード

受付係《うけつけがかり》　応対《おうたい》　応接室《おうせつしつ》　来客《らいきゃく》　用件《ようけん》　内線《ないせん》　入室《にゅうしつ》　背中《せなか》

通《とお》す　会談《かいだん》　終了《しゅうりょう》　後日《ごじつ》　新商品《しんしょうひん》　販売《はんばい》　約束《やくそく》　斜《なな》め前方《ぜんぽう》

上座《かみざ》　下座《しもざ》　見送《みおく》り　貴重《きちょう》　来社《らいしゃ》　担当者《たんとうしゃ》　身内《みうち》　敬称《けいしょう》

社内《しゃない》　社外《しゃがい》　スマート　先導《せんどう》

重要表現

1　どのようなご用件でいらっしゃいますか。
（用于询问来访者的目的）请问您有什么事情?

例　桜商事の田中様でいらっしゃいますね。今日はどのようなご用件でいらっしゃいますか。
恐れ入りますが、どのようなご用件でいらっしゃいますか。

2　～の件で、～とお約束をいただいております。
（尊敬说法）和某人有约

例　新商品販売の件で、販売部の田中部長とお約束をいただいております。
来週の懇談会の件で、事務室の中村さんとお約束をいただいております。

3　～をおうかがいしてもよろしいですか。
（用于询问来访者姓名、工作单位等）请问……

例　お名前をお伺いしてもよろしいですか。
失礼ですが、ご連絡先をお伺いしてもよろしいですか。

動画を見ましょう！

良い例と悪い例の動画を見て、質問に答えなさい。

1	お客が来社する場合、受付係はどのように対応すべきですか。グループで討論しなさい。そして、要点をまとめなさい。

2	接客マナーについて、正しいやり方と正しくないやり方を書きなさい。

動画の音声だけを聞きましょう！

良い例を聞いて、abcdの中から正しいものを一つ選びなさい。

1　お客様は何のために、来社したのですか。

ⓐ 社長に会うため。

ⓑ 担当者が代わったことを伝えるため。

ⓒ 営業部の部長と商談するため。

ⓓ 個人的に営業部の部長にお願いがあるため。

2　お客様と会社とは、どのような関係ですか。

ⓐ 付き合いのお得意様。

ⓑ 新規取引先。

ⓒ 個人的付き合い。

ⓓ 無関係。

3　会話の内容と合っているのはどれですか。

ⓐ 受付係はお客様に好きなところに座ってもらった。

ⓑ 社長はお客様とすでに知り合いである。

ⓒ 部長は応接間でずっとお客様を待っていた。

ⓓ お客様が応接室に入った時、応接室には誰もいなかった。

4　よくない接客のやり方だと思われるのはどれですか。

ⓐ 来客に気づいたらすぐ立ち上がり挨拶すること。

ⓑ 相手の会社名と名前を聞くこと。

ⓒ 案内するとき、お客様の後ろを歩くこと。

ⓓ お客様より身内または社内の人から紹介すること。

良い例をもう一回聞いてから、穴埋めしなさい。

受付係：いらっしゃいませ。失礼ですが、＿＿＿＿＿＿＿＿＿＿＿＿＿＿。

来　客：おはようございます。中国光明電気株式会社営業部の王と申しますが。

受付係：いつもお世話になっております。＿＿＿＿＿＿＿＿＿＿＿＿＿＿。

来　客：新商品販売の件で、営業部の永本部長と＿＿＿＿＿＿＿をいただいておりますが。

受付係：はい、かしこまりました。ただいま連絡いたします。＿＿＿＿＿＿。

来　客：お願いいたします。

受付係：こちらにおかけください。永本さんは ＿＿＿＿＿＿＿ので、少々お待ちください。

来　客：はい、分かりました。ありがとうございました。

部　長：お待たせしました。こちらへどうぞ。

来　客：本日はお忙しいところ、＿＿＿＿＿＿＿＿＿＿、ありがとうございます。

部　長：ご紹介いたします。＿＿＿＿＿＿＿＿＿です。こちらは新商品販売の件でお世話になっている中国光明電気株式会社営業部の王課長でいらっしゃいます。

来　客：＿＿＿＿＿＿＿＿＿＿＿。中国光明電気株式会社営業部の王と申します。よろしくお願いいたします。

社　長：ちょうだいします。社長の森田です。どうぞおかけになってください。

部　長：では、早速ですが、＿＿＿＿＿＿＿＿＿＿。

来　客：では、今日はこれで。貴重なお時間をありがとうございました。＿＿＿＿＿＿＿＿＿＿＿＿＿＿＿＿＿＿＿＿＿＿＿＿＿＿。

部　長：では、失礼いたします。

音声を聞きましょう！

次の1から4までの音声をよく聞いて、正しい答えを一つだけ選びなさい。

1　男の人が話しています。男の人がいちばん言いたいことは何ですか。

ⓐ 新人のときの失敗談。

ⓑ 自分のミスで課長に怒られたこと。

ⓒ ビジネスマナーを掴むことが大事である。

ⓓ 社内の人を紹介するとき役職を前にするべきだということ。

2　後輩が先輩と話をしています。後輩はこれから何に気をつけなければなりませんか。

ⓐ 来られたお客様のことを忘れないこと。

ⓑ お客様をご案内するときに緊張しないこと。

ⓒ お客様の後ろについていくこと。

ⓓ お客様に案内されないようにお客様の前を歩くこと。

3　受付で受付係がお客様と話をしています。お客様はこれから何をしますか。

ⓐ 部長がいないため、帰る。

ⓑ 座って、部長の帰りを待つ。

ⓒ ほかの担当者と荷物の確認と年末の挨拶をする。

ⓓ ほかの担当者と荷物の確認だけをして、年末の挨拶をしない。

4　ラジオで交通情報が流れています。男の人は電話で何を言いたかったですか。

ⓐ 高速道路が通行止めになったため、約束をキャンセルした。

ⓑ 高速道路の通行止めの解除を待って、会社を訪問する。

ⓒ 予定と違うルートで行くが、間に合わないかもしれない。

ⓓ 今日の交通事情が悪くて、大変なので、訪問日時を変更したい。

話しましょう！

以下の例を参考にして、質問に答えてみなさい。

1	**お客様を迎えるとき、歓迎の気持ちを込めて丁寧に対応するためには、どうすればいいですか。**

例 **まず、席を立って挨拶する（見本：いらっしゃいませ）**
次に、会社名・名前などを確認する（見本：失礼ですが、～と～をうかがいしてもよろしいでしょうか。）
最後に、担当者に取り次ぐ（見本：只今、～に連絡いたしますので、おかけになってお待ちください。）

2	**お客様をご案内するとき、歩く位置やスピードに気を配りながら、スマートに先導するために、どうすればいいですか。**

例 **まず、行先を告げる（見本：～にご案内いたします。）**
次に、お客様の斜め前方、2～3歩先に立ち、相手のペースに合わせて歩く。

3	**応接室へお客様を通す場合、正しくお客様を応接室へ通すためにどうすればいいですか。**

例 **まず、ドアをノックしてから、ドアを開ける（見本：失礼します。）**
次、お客様を上座に勧め（例：こちらにおかけになってください）、退出する。

4	**お客様や自社の人を紹介するとき、紹介する順序や敬称の付け方などはどのように注意すればいいですか。**

例 **他人より身内、立場が上の人より下の人から紹介する。社外の人には敬称を付け、社内の人には敬称をつけない。**
見本：ご紹介いたします。私どもの社長の～です。こちらは～株式会社の～課長でいらっしゃいます。

寸劇で演じましょう！

接客の際、注意しなければならないマナーをもう一度考えながら、以下のような場面を想定して、寸劇で再現してみなさい。

場面説明

人物：あなたはA社の受付係りで、田中さんはA社営業部の部長です。鈴木さんはB社営業部の課長で、営業部の社員3人が同行して、A社を訪問しようとします。

用件：鈴木課長などの4人は来年度の契約更新の件でA社営業部の田中部長を訪ねる予定です。

A社の受付係りとして次の3つの応対を指定してください。

①：来客の身分及び目的などを聞いて、田中部長に取り次ぐこと。

②：来客を会議室まで案内すること。

③：来客のおかえりを見送ること。

豆知識

応接室の席次と紹介の順序

部屋に通して、お客様に上座を勧めるのが一般的です。その時、上座を手で示し、「どうぞ、こちらにおかけください」など声をかけます。しかし、どの席が上座だと言えるのでしょうか。一般的に言うと、応接室の席次は入り口からの距離や椅子のタイプによって決まります。原則として入り口から最も遠い席が上座で、絵が掛けてある応接室には、絵を正面から眺められる席が上座となります。また、長椅子は来客用、ひじ掛け椅子は対応者用となっています。

また、紹介するときのルールとして、他人より身内を紹介すること、二者の間に立って紹介するときは、立場が上の人より下の人から紹介することや、紹介する相手が複数の場合は、それぞれの役職が上の人から紹介することを心掛けましょう。役職の付け方として、社外の人は「名前＋役職」が基本ですが（例えば、「こちらは○○社営業部の佐々木部長でいらっしゃいます」「こちらは営業部の佐藤主任でいらっしゃいます」）、社内の人は役職を前に出し、名前を呼び捨てにする（例えば、「開発部長の鈴木です」「販売課長の末広です」）のが一般的です。

第六章 取引先への訪問

学習目標

1. 能够看懂拜访客户前和拜访客户中所需的基本礼仪要求。
2. 能够听懂并熟练掌握拜访客户过程中所需的基本术语和常用表达方式。
3. 能够熟练运用所学的语言知识和礼仪常识讨论与拜访客户相关的话题。
4. 在与异国文化背景的人的交流中能够学习借鉴他国优秀文化又能坚定本国文化自信。

覚えましょう！

キーワード

弊社《へいしゃ》　取引先《とりひきさき》　新規《しんき》　参入《さんにゅう》　足下《あしもと》　幸《さいわ》い　脱《ぬ》ぐ

マナーモード　プラスティック　製品《せいひん》　市場《しじょう》　電装《でんそう》

締《し》める　アポイント　指定《してい》

重要表現

1　～をいただければ幸いです（が）。

要是……的话就好了。

例　ちょっと先生に相談したいことがありまして、お時間をいただければ幸いですが。

部長、最近仕事がうまくいかないので、部長のアドバイスをいただければ幸いですが。

2　～ほどお時間をいただきたいのですが。

不知道能不能耽误您（具体时间）？

例　来週の会議のことで、10分ほどお時間をいただきたいのですが、ご都合はいかがでしょうか。

開幕式の打ち合わせで、1時間ほどお時間をいただきたいのですが。

3　では、後ほど伺います。

那么，我过一会儿就去拜访您。

例　A：昨日のお約束通りに今日の午後3時に伺ってもよろしいでしょうか。

B：はい、結構です。

A：では、後ほど伺います。

動画を見ましょう！

良い例と悪い例の動画を見て、質問に答えなさい。

1 取引先を訪問する前、アポイントを取るべきでしょうか。アポなしで訪問する際には、言葉遣いにどのように注意すればいいのか、グループで討論し、その要点をまとめなさい。

2 訪問のマナーについて、どのようなことに注意しなければならないでしょうか。要点をまとめなさい。

動画の音声だけを聞きましょう！

良い例の動画の音声だけを聞いて、abcdの中から正しいものを一つ選びなさい。

1 李さんは何のためにアポイントを取ろうとしているのですか。

ⓐ 自社の人事異動について知らせるため。

ⓑ 部長との面会を予約するため。

ⓒ 取引を行うため。

ⓓ 話を聞いてもらうため。

2 李さんは部長とどのような約束をしたのですか。

ⓐ 来週火曜日の午後2時に会う。

ⓑ 今日の午後2時に会う。

ⓒ 後ほど会う。

ⓓ 近いうちに会う。

3 会話の内容と合っていないのはどれですか。

ⓐ 李さんは受付で会社名と氏名、訪問相手を告げて取り次いでもらった。

ⓑ 李さんは応接室で携帯をいじりながら待っていた。

ⓒ 李さんは部長と初対面だった。

ⓓ 李さんは座って、受付係の取り次ぎを待っていた。

4 訪問のマナーとして、正しいのはどれですか。

ⓐ 訪問の日時はあらかじめ自分で決めておき、相手の都合を聞かない。

ⓑ 約束の時間の30分前に到着。

ⓒ 約束の時間の5分前に到着。

ⓓ アポがあるので、受付係に取り次いでもらわなくてもかまわない。

良い例の動画の音声だけをもう一回聞いてから、穴埋めしなさい。

永本：はい、丸井電装株式会社営業部でございます。

李佳：ABC会社営業部の李佳と申します。______________________。

永本：永本です。______________________________。

李佳：弊社ではプラスティック製品市場に新規参入しておりまして、それで____ __________と存じます。1時間ほどお時間をいただきたいのですが、来週の___________。

永本：火曜日の午後2時なら大丈夫だと思いますが。

李佳：では、来週火曜日の午後2時に伺います。ありがとうございます。では失礼いたします。

（訪問当日）

李佳：本日は_____________________の時間でよろしいでしょうか。

永本：はい、結構です。

李佳：では、________________。よろしくお願いします。

（受付で）

李佳：失礼いたします。ABC会社営業部の李佳と申します。営業部の永本部長と__________________をいただいておりますが。

受付係：_________________________。おかけになってお待ちください。

王楽：お願いいたします。

（応接室で）

永本：お待たせしました。_________________________。

李佳：本日はお忙しいところお時間をいただきまして、ありがとうございます。____________________。私、ABC会社営業部の李佳と申します。（名刺を出す）よろしくお願いいたします。

永本：頂戴いたします。私は丸井電装の永本と申します。こちらこそよろしくお願いします。

李佳：頂戴いたします。

永本：では、こちらへお座りください。

李佳：はい。失礼いたします。では、________________________________。

音声を聞きましょう！

次の1から4までの音声をよく聞いて、正しい答えを一つだけ選びなさい。

1　男の人はアポイントを取るための電話をしています。そのあと女の人は何をしますか。

ⓐ 田村さんに電話する。

ⓑ 田村さんが出社したら、鈴木さんから電話があったことを伝える。

ⓒ 鈴木さんからのお電話を待つ。

ⓓ 何もしない。

2　後輩が先輩と話しています。何について話していますか。

ⓐ 昨日取引先を訪問したこと。

ⓑ 初訪問の失敗談。

ⓒ 取引先の応接室は和室だったこと。

ⓓ 初訪問が完璧だったこと。

3　男の人が取引先と会社訪問の日時について電話で話をしています。訪問はいつになりましたか。

ⓐ 来週の水曜日。

ⓑ 来週の木曜日。

ⓒ 今週の水曜日。

ⓓ 今週の木曜日。

4　受付で受付係と客が話しています。お客の訪問目的は何ですか。

ⓐ 出張前の挨拶。

ⓑ 後任者の紹介。

ⓒ 出張後の挨拶。

ⓓ 前任者の紹介。

話しましょう！

以下の例を参考にして、質問に答えなさい。

1 上手に訪問のアポイントを取るためには、どうすればいいですか。

例 予約（見本：～と申します。～部長はいらっしゃいますか。実は、～の件で是非一度お話させていただきたいと存じます。）
訪問日時の決まり（見本：ご都合はいかがでしょうか。）
要点の確認（見本：では、～時に伺います。）
アポイントを取った後の定番の挨拶（見本：お時間をいただきありがとうございます。では失礼いたします。）

2 他社を訪問する客の身分として応接室に通されたら、どこに座ったらいいですか。

例 席を指定された場合、その席に座る。
席の指定がなく、着席を勧められた場合は下座に座る。

3 応接室に入ったら、自分の荷物をどこに置いたらいいですか。

例 （空いている椅子の上／足下／背中と背もたれの間）に置いたらいいと思います。

寸劇で演じましょう！

訪問前のアポイントから、荷物持ち、取引先での商談、退室までの様々な場面のマナーや慣用表現について考え、以下のような場面を想定して、寸劇で演じなさい。

場面説明

人物：あなたはタケダ株式会社営業部の部員。Bさんはナガダ株式会社の受付、ナガダさんはナガダ株式会社の社長。

用件：あなたはナガダ株式会社を訪問します。その際、次のような点に注意してください。

①：訪問目的を明確すること。

②：訪問前のアポイントを取ること。

③：訪問時、受付で訪問目的や訪問対象を告げること。

④：応接室で訪問対象が来るまで、座る席を決め、荷物を置くこと。

⑤：訪問対象が来たら、挨拶すること。

豆知識

会社訪問際の手土産選びと手渡し

取引先へのご挨拶やお祝いごとなど、ビジネスにおいて手土産を持参する機会は少なくありません。何を持っていけばいいのか、どういうタイミングで渡せばいいのか、これが案外難しいのです。

切り分ける必要があるもの、冷凍・冷蔵保存の必要なもの、相手の近所で購入したもの、商品券、高価すぎるものなどがありがちだが、不評となる残念な手土産として挙げられます。このあたりには一般家庭への手土産と違うポイントがあります。ベストな手土産として、小分けのお菓子や、箱入りで包装してあるものを選び、生物や日持ちが短い物、切り分けが必要なものはできるだけ避けたほうがよいと思われます。また、訪問先に手土産を渡すタイミングは、部屋に通されて挨拶をした後のタイミングがベストとされ、渡す際は外袋から出して渡すのがマナーです。その時、「ほんの少しの気持ちですが」「お口に合うかどうか分かりませんが、どうぞみんなでお召し上がりください」などといった一言を添えましょう。

第七章 あいさつ

学習目標

1. 观察不同人际关系之间的寒暄方式。
2. 能够听懂各种寒暄场合下的常用表达方式。
3. 能够掌握不同寒暄场合下的正确表达方式。
4. 了解中日寒暄语背后的文化差异，培养正确的道德伦理观。

覚えましょう！

キーワード

わざわざ　厳《きび》しい　早速《さっそく》　提案《ていあん》　企画《きかく》　一存《いちぞん》　検討《けんとう》　クリア

お宅《たく》　推《お》す　恐《おそ》れ入《い》る　大手《おおて》　目玉商品《めだましょうひん》　贔屓《ひいき》　追加《ついか》　赴任《ふにん》

自腹《じばら》　別枠《べつわく》　早急《そうきゅう》　発注《はっちゅう》

重要表現

1　時間を取る

占用时间。

例　こんな会議に時間を取るのはまったく無意味です。

彼は夕食に多くの時間を取ります。

2　～につきまして（は）

关于，有关。

例　この件につきまして若干ご説明させていただきます。

詳細につきましては文書でご報告いたします。

3　～かねる

碍难，不便，不好意思；不能，办不到；难以……。

例　彼がわれわれのパーティーに参加するかどうか、私はなんとも言いかねます。

断りこそしなかったが、承諾しかねるような様子でした。

動画を見ましょう！

場面1から3までの動画を見て、質問に答えなさい。

1	世間話にはどのような役割がありますか。どのような話題を選べばいいですか。

2	動画の会話から出てくる「では」を「じゃ（あ）」に変えてもいいですか。どうしてですか。

動画の音声だけを聞きましょう！

場面3の動画の音声だけをもう一度聞いて、abcdの中から正しいものを一つ選びなさい。

1　この動画は何の場面を中心に展開されていますか。

ⓐ 電話のはじめの場面。

ⓑ 電話の終わりの場面。

ⓒ 面会のはじめの場面。

ⓓ 面会の終わりの場面。

2　李さんは会社に戻って何について検討しなければなりませんか。

ⓐ 商品の品質。

ⓑ 商品の価格。

ⓒ 商品の数。

ⓓ 商品の納期。

3　「わたしもお宅をおします」の「おす」は以下のどれと同じ使い方ですか。

ⓐ 人ごみの中でおされて転んでしまった。

ⓑ 工事は住民の反対をおして行われた。

ⓒ 一つのことからおして他のことも知る。

ⓓ 彼はおされて議長となった。

場面3の動画の音声だけをもう一度聞いて、穴埋めしなさい。

李佳：わかりました。では、少しお時間をいただけますでしょうか。私の一存では決めかねますので、その辺のところを＿＿＿＿＿＿＿＿＿＿＿＿ということでよろしいでしょうか。

佐藤：ええ、＿＿＿＿＿＿＿＿＿＿＿＿。

李佳：ありがとうございます。では、そういうことでよろしくお願いいたします。

佐藤：＿＿＿＿＿＿＿＿＿＿＿＿＿＿＿＿＿＿＿＿＿＿＿＿よ。

李佳：はい。今日は、お忙しいところありがとうございました。

佐藤：いいえ、こちらこそ。

李佳：では、失礼いたします。

音声を聞きましょう！

次の1から4までの音声をよく聞いて、正しい答えを一つだけ選びなさい。

1　男の人と女の人が、スーパーの売り上げについて話しています。女の人は、今後売り場についてどうしたらいいと言っていますか。

ⓐ 売り場のレイアウトを変える。

ⓑ 売り場の案内図を掲示する。

ⓒ 商品の陳列方法を変える。

ⓓ 商品の説明書きを表示する。

2　男の人が女の人と社員研修について話しています。女の人は、この後何人分の見積もりを会社に出しますか。

ⓐ 3人分。

ⓑ 4人分。

ⓒ 5人分。

ⓓ 8人分。

3　上司と部下が話しています。この会話は何について話していますか。

ⓐ 創業記念パーティーの招待。

ⓑ 来客の予定の取り消し。

ⓒ 接待の予算。

ⓓ 顧客の苦情。

4　男の人と女の人が話しています。何について話していますか。

ⓐ 商品の納期。

ⓑ 商品のクレーム。

ⓒ 商品代金の支払い。

ⓓ 商品代金の見積もり。

話しましょう！

以下の例を参考にして、質問に答えなさい。

1　訪問する時の最初のあいさつとして他にどのような例があるか、挙げてみなさい。

例 **はい、（自社名）でございます。**

初めてお電話いたします／させていただきます。

このたび、（紹介者の社名）の（紹介者の名前）様から（相手の名前）様をご紹介いただきまして、お電話いたしました／させていただきました。

2　返事を保留したい時の表現として他にどのような例があるか、挙げてみなさい。

例 **申し訳ありませんが／大変恐縮ながら／あいにく**

～かねます／可能性がございます。

よく考えてから／熟考の上／よく吟味した上でないと……

3　訪問する時の終わりのあいさつとして他にどのような例があるか、挙げてみなさい。

例 **今日は、お忙しいところお時間をとって／割いて／作っていただき／いただきましてありがとうございます。**

わざわざ来て／おいで／お越し／ご足労いただき／いただきましてありがとうございます／恐縮です。

～を期待／お待ちしています。

寸劇で演じましょう！

以下の場面から一つを選び、寸劇で演じてみなさい。

場面 1

部下：あなたはある会社の外国人社員であり、1週間会社を休んで帰国していました。今日は久しぶりに会社へ来ました。上司にあいさつをしてください。

上司：会社を休んで帰国していた部下が、久しぶりに会社へ来ました。部下があいさつに来ましたので、返事をして、部下と話してください。

場面 2

同僚Ａ：あなたはある会社の外国人社員であり、来週、帰国することになりました。仕事でもプライベートでもお世話になった同僚のＢさんに、帰国のあいさつをしてください。

同僚Ｂ：同僚のＡさんがあいさつに来ました。同僚Ａさんの話を聞いて、Ａさんと話してください。

豆知識

気持ちのいい挨拶

日本の会社で働き始めた新入社員の研修内容に「挨拶」は必ず入っており、挨拶はただ言えばいいというものではなく、明るい声で元気よく気持ちを込めて、相手がきちんと聞こえるようにすることが大切であると教えられます。このような挨拶は「気持ちのいい挨拶」と言われます。ところが、実際に働き始めると、上司も先輩もとても忙しそうで、挨拶をしたら迷惑なのではないかと思ってしまう人もいるかもしれません。

しかし、「相手を気分よくさせる挨拶」とは「気分を悪くさせない挨拶」ということです。場面に応じた挨拶が大切です。すなわち、その状況に合わせて声の大きさ、お辞儀のし方を変えることも重要です。部下や後輩が何の挨拶もしなければ、礼儀知らずと思われてしまうので、上司や先輩がどんなに忙しそうでも、何らかの挨拶をしたほうがよいでしょう。

例 【朝、職場に着いたら、部長が電話中だ】

声を出して挨拶する必要はなく、会釈だけですませます。

【混んでいる電車の中で】

目を合わせて会釈するだけでよいです。

【トイレで】

会釈だけ、もしくは普通の大きさの声で「お疲れ様です」と挨拶します。

第八章 あいづち

学習目標

1. 了解日本人在对话中积极应和的语言习惯。
2. 听懂日语对话中所需的应和的常用表达方式。
3. 能够在各种场合下恰如其分地进行应和。
4. 养成善于观察、勤于思考、勇于实践的习惯。

覚えましょう！

キーワード

うなずく　忠告《ちゅうこく》　インターホン　人材《じんざい》　育成《いくせい》　引《ひ》き出《だ》す

前向《まえむ》き　取《と》り組《く》む　多面《ためん》　こだわる　複数《ふくすう》　実務《じつむ》　特許《とっきょ》　派遣《はけん》

流通《りゅうつう》　投資《とうし》　納入《のうにゅう》　立《た》ち会《あ》い　とっく（に）　段取《だんど》り

重要表現

1　あいづちを打つ

帮腔，应和。

例　うんうんとあいづちを打ちます。

あいづちを打ちながら、ラジオに聞き入ります。

2　郷に入っては郷に従え

入乡随俗。

例　郷に入っては郷に従えよ。

どの国へ行っても、「郷に入っては郷に従え」を思い出して注意してください。

3　痺れを切らす

等得不耐烦；等急了。

例　1時間待っても彼女が来ないので、彼は痺れを切らして帰ってしまいました。

返事が待てずに痺れを切らして相手に電話をかけました。

4　～してもらう／していただく

请，让。

例 彼にお願いして一緒に行ってもらうほうがいいです。
そうしていただければありがたいです。

動画を見ましょう！

場面1から3までの動画を見て、質問に答えなさい。

1 場面2では、「こちらに御社名とお名前をいただけますでしょうか」が使われたが、これは正しい表現ですか。

2 場面3では、新入社員が「なるほど」を繰り返して使いましたが、もしあなたが部長だったら、どのような印象を受けましたか。ほかにどのような言い替えがありますか。

動画の音声だけを聞きましょう！

場面3の動画の音声だけを聞いて、abcdの中から正しいものを一つ選びなさい。

1　新入社員が人事部部長にインタビューする目的は何ですか。

ⓐ 相手の業績と今後の事業展開について聞きたい。

ⓑ 相手の人材育成プログラムについて聞きたい。

ⓒ 相手の環境問題への取り組みについて聞きたい。

ⓓ 相手のコンプライアンスへの対応状況について聞きたい。

2　社員のやる気を引き出すために会社はどのようなことをしましたか。

ⓐ 給料を上げた。

ⓑ 仕事を自由にやらせた。

ⓒ 評価方法を見直した。

ⓓ 同僚と競争させた。

3　社員の能力を伸ばすために会社がどのようなことをしていますか。

ⓐ 一つだけの分野に専念させる。

ⓑ 頻繁に社内研修をさせる。

ⓒ 海外に留学させる。

ⓓ 様々な実務体験に行かせる。

場面3の動画の音声だけをもう一度聞いて、穴埋めしなさい。

新入社員：まず、______________________________お考えでしょうか。

人事部部長：そうですね。________________________。________________________、成果も上がりますので。

新入社員：____________。具体的には________________でしょうか。

人事部部長：ええ、____________を見直しました。________________________仕組みとしました。

新入社員：なるほど。__________________どういったことをされていますか。

人事部部長：そうですね、例えば一つの専門分野にこだわらず、複数の分野にまたがるような____________を用意しています。社内研修だけでなく_______幅広く行っています。

新入社員：そうですか。____________、____________でしょうか。

人事部部長：そうですね。具体的には、法律や特許事務所、______________、______に出向させるといったことです。

新入社員：なるほど、__________________。

人事部部長：そうですね。

音声を聞きましょう！

次の1から4までの音声をよく聞いて、正しい答えを一つだけ選びなさい。

1	**男の人と女の人が話しています。女の人は、この後何をしなければなりませんか。**

ⓐ すぐ商品を手配すること。

ⓑ 納入の立ち会いをすること。

ⓒ 運送会社へ照会すること。

ⓓ 手続きを進めること。

2 **男の人と女の人が話しています。この後女の人は、どこに電話をしますか。**

ⓐ 営業所。

ⓑ ドライバー。

ⓒ 工場。

ⓓ 取引先。

3 **上司と部下が話しています。何について話していますか。**

ⓐ 販売戦略の提案。

ⓑ パーティーの後片付け。

ⓒ 講演会の準備。

ⓓ 打ち合わせの結果報告。

4 **男の人と女の人が話しています。何について話していますか。**

ⓐ 商品の売上。

ⓑ 消費の価格。

ⓒ 商品の納期。

ⓓ 商品の企画。

話しましょう！

以下の例を参考にして、質問に答えなさい。

1 **相手の回答を更に展開させるためには、どのように質問すればいいですか。**

例 **どの地域でしょうか。**

どのようなことをされているんでしょうか。

どのようにその点を解決していらっしゃるんでしょうか。

2 どのように相手の回答について、詳細な説明を求めますか。

例 **御社ではどのような対策を取っていらっしゃるんでしょうか。**

実務体験とおっしゃいますと、どんなことをなさるんでしょうか。

争議とおっしゃいますと、具体的には何が問題だったんでしょうか。

3 どのように相手から大切な情報を聞き出しますか。

例 **お差しつかえない範囲で結構ですので、だいたいいつ頃をお考えになるのか、お聞かせいただけないでしょうか。**

昨年の場合ですと、どういった感じだったんでしょうか。

できましたら具体的な数字をお聞かせいただいてもよろしいでしょうか。

4 終わりのあいさつは何と言えばいいですか。

例 **今後ともよろしくお願いいたします。**

また何かありましたらよろしくお願いいたします。

またどうぞよろしくお願いいたします。

寸劇で演じましょう！

以下の場面から一つを選び、寸劇で演じてみなさい。

場面 1

社員A：職場環境改善の会議が行われています。社内にある自動販売機の周辺にソファやテーブルを設置して、カフェのような空間を作るのがいいと思って、提案しようとします。Bさんの意見も聞いて、上手に話し合いを進めてください。

社員B：職場環境改善の会議が行われています。Aさんから提案があります。Aさんの意見を聞いて、自分の意見を言ってください。そして、上手に話し合いを進めてください。

場面２

Ｘ社社員：Ｙ社の総務部のＡさんと会うためにＹ社を訪問しました。Ｙ社の受付でのあいさつをしてください。

Ｙ社社員：受付にお客さんが来ます。来館者証を渡して、どこへ行ったらいいか伝えてください。

豆知識

人の呼び方

人の名前に「様」をつけると敬称になります。ところが、名前をたずねるときに「何様」などと言うと、たいへんなことになります。「何様」という表現は偉そうな態度をとる人に対して、皮肉を込めて使うことが多いからです。ビジネスの場面で相手の名前をたずねるときは、「どちら様ですか」と言いましょう。

一方、社外の人と話すとき、社内の人の名前には、たとえ上司でも、敬称をつけて呼んではいけません。たとえば、電話で社外の人から「佐藤部長はいらっしゃいますか」などと言われた場合は、「名前＋役職名」の「役職名」が敬称の代わりに用いられていますが、こちらは敬称を使わないようにするために、「部長の佐藤」（役職名＋名前）と言い換えます。また、必ずしも役職名をつけて言う必要はありません。「佐藤からご連絡を差し上げます」「佐藤は今週いっぱい出張に出ております」などと名前だけでも十分です。

第九章 命令や指示の受け方

学習目標

1. 能够看懂接受命令或指示时所需的职场礼仪要求。
2. 能够听懂接受命令或指示时的常用表达方式。
3. 能够使用正确的表达方式回应上司的命令或指示。
4. 培养团队合作精神与责任意识。

覚えましょう！

キーワード

遅《おく》らせる　迂《う》回《かい》　転《てん》勤《きん》　内《ない》示《じ》　引《ひ》き継《つ》ぎ　楽《がっ》器《き》　出《しゅっ》展《てん》　左《さ》右《ゆう》する

対《たい》価《か》　打《う》ち出《だ》す　アレルギー　ぽしゃる　採《さい》算《さん》　コンセプト

重要表現

1　～ところ

正当……时候；正要……的时候，刚要……的时候；刚刚；差点儿。

例　私が話しているところを彼がやってきました。
みんながそろったところで料理が出ました。
どろぼうが逃げようとするところを警察官に捕まえられました。

2　蓋を開ける

揭晓。

例　選挙の結果は蓋を開けるまでわかりません。
蓋を開けてみたら意外な結果になりました。

2　鶴の一声

权威者的一句话；一声令下；一言堂。

例　先生の鶴の一声で文化祭の出し物が演劇に決まった。
新商品のデザインがなかなか決まらなかったが、社長の鶴の一声でA案に決めることができた。

動画を見ましょう！

場面1から3までの動画を見て、質問に答えなさい。

1	ビジネスの場面でよく耳にする「名詞＋のほう」は、どのような時に使いますか。それぞれの使いわけについて考えてみなさい。

2	日本語の話し言葉の中には、最後まで言い切らず、文の途中で終わっているものが見られます。どんな用例があるか、話し合ってみなさい。

動画の音声だけを聞きましょう！

場面3をもう一度聞いて、abcdの中から正しいものを一つ選びなさい。

1　永本さんにはどのような事情がありましたか。

ⓐ 海外出張に行く。

ⓑ 転勤する。

ⓒ 休みをもらう。

ⓓ 仕事を辞める。

2　李さんにはどんな仕事が指示されましたか。

ⓐ 会議に出席すること。

ⓑ パーティーを開くこと。

ⓒ 展覧会で商品を展示すること。

ⓓ コンサートに参加すること。

3　何かあったときは、どうすればいいですか。

ⓐ 永本さんに連絡する。

ⓑ 部長に相談する。

ⓒ 李さんに任せる。

ⓓ 永本さんが戻るのを待つ。

場面3をもう一度聞いて、穴埋めしなさい。

永本：李さん、ちょっといいですか。

李佳：はい、何でしょうか。

永本：実は、＿＿＿＿＿＿＿＿＿＿＿＿＿＿＿＿＿＿＿＿＿＿＿＿

ことになったんですよ。

李佳：そうですか。＿＿＿＿＿＿＿＿＿＿。

永本：うん、__________________。それで、李さんに__________________と思って。

李佳：はい、わかりました。

永本：ここじゃ__________から、________________ましょうか。

李佳：はい。

永本：まず、________________をよろしくお願いします。

李佳：わかりました。________________か。

永本：________________。________________てもらえますか。

李佳：承知しました。________________場合は________________。

永本：その時は__________________てください。

李佳：わかりました。

音声を聞きましょう！

次の1から4までの音声をよく聞いて、正しい答えを一つだけ選びなさい。

1　化粧品会社で女の人が、お客への対応の仕方について話しています。女の人は、何について調べておくように言っていますか。

ⓐ 商品の種類。

ⓑ 商品の効果。

ⓒ 商品の使い方。

ⓓ 商品の原料。

2　上司と部下が、取引先に出した見積りについて話しています。見積の商品の割引率は何パーセントですか。

ⓐ 0%

ⓑ 5%

ⓒ 10%

ⓓ 20%

3　2人の社員が話しています。何について話していますか。

ⓐ 新規企画。

ⓑ 売り上げ状況。

ⓒ 人員削減。

ⓓ 工場稼働状況。

4　男の人と女の人が話しています。何について話していますか。

ⓐ 商品の戦略。

ⓑ 予算の管理。

ⓒ 宣伝の方法。

ⓓ 価格の設定。

話しましょう！

以下の例を参考にして、質問に答えなさい。

1　指示をする時に「～てください」以外にどのような表現がありますか。

例 「～てもらえますか」

「～を（よろしく）お願いします」など。

2　人の依頼はどのように丁寧に断ればいいですか。

例 理由を述べる。

～ところなんです。

～もので…

～んですが…

3　わからない点はどのように丁寧に聞き返して確認しますか。

例 ～というのは～

（ということ）でよろしいでしょうか。

寸劇で演じましょう！

以下の場面を寸劇で演じてみなさい。

場面

社員A

所属会社：さくら貿易会社　電話番号：03-1234-5678

ABCカンパニーの木村さんに電話をして、明日午後2時に来てもらいたいと伝えてください。木村さんがいなければ、伝言を頼んでください。

社員B

所属会社：ABCカンパニー

上司の木村主任は、今、外出中です。木村主任に電話がかかってきたら、伝言を聞いて内容をメモしてください。

豆知識

指示の受け方

指示を聞くときに重要なのは、メモを取りながら聞くことです。メモを取らないと、時間がたつのにつれて指示内容のいくつかを忘れてしまう恐れがあり、そのような状態で仕事を行ったら、期待される成果が出せないでしょう。さらに、メモを取らなかったばかりに指示を勘違いし、その仕事にかかった時間を無駄にしてしまうかもしれません。

また、もし上司の指示内容に、5W2H（What、When、Where、Who、Why、How、How much）のうちその仕事をするのに必要な情報が足りなければ質問します。例えば、1時間ほど前に、上司に「この書類、確認しといて」と書類を渡されました。間違いがあってはいけないと思い、数字などを丁寧に確認する人がいるかもしれません。そこへ上司が来て、「まだ終わっていないの？いつも通りのものだから、簡単に確認すればいいんだよ」と言われました。メモを取り、内容を復唱するのはもちろん大切です。だが、仕事は常に効率を求められるものだということも忘れてはいけません。このケースの場合、ある意味、指示の意図が部下へ正しく伝わっていなかったということでもあります。まず、上司にいつまでに確認すべきか、どの程度の確認が必要かを確認すべきでしょう。

例「いつまでに確認を終えればよろしいでしょうか。」
「どの程度細かく確認すればよろしいでしょうか。」

第十章 意見を述べる

学習目標

1. 看懂陈述意见时所需的礼仪规范。
2. 听懂陈述意见、说明观点时所需的常用表达方式。
3. 能够在各种商务场合下得体、准确地陈述意见，并接受他人意见。
4. 培养文化自信、辩证思维能力与逻辑思维能力。

覚えましょう！

キーワード

クレーム　改善案《かいぜんあん》　問《と》い合《あ》わせ　取り扱《あつか》い　たらい回《まわ》し　配置《はいち》

導入《どうにゅう》　メンテ（ナンス）　プラ（ス）　マイ（ナス）　使《つか》い勝手《がって》

今一《いまひと》つ　率直《そっちょく》　根拠《こんきょ》　入札《にゅうさつ》　社屋《しゃおく》　老朽化《ろうきゅうか》　当面《とうめん》

払《はら》い込《こ》み先《さき》　見《み》た目《め》

重要表現

1　気になる

担心，挂念，放心不下；有意，有心，心想，想要；在意，有意思，有好感。

例　息子の行く末がたいへん気になります。
入試が近づき、やっと勉強する気になったようです。
気になる人がいたら仲を取りもってあげますよ。

2　～ごと

①（名詞や動詞の連体形などに付いて、「ごとに」の形で用いられることが多い）

毎回，每

例　1メートルごとに木を植えます。
ひと試合ごとに強くなります。

②（名詞に付いて）

一共，连同，连……带……。

例　マンションを家具ごと借ります。
リンゴを皮ごと食べます。

3	**～ばかにならない** **不容轻视，不可小看。**

例 毎月の電話代がばかになりません。
旅行はいいが、足代がばかになりません。

4	**～わけにはいかない** **不能……**

例 みんなの期待を裏切るわけにはいきません。
祖母の形見なのできみにあげるわけにはいきません。

動画を見ましょう！

場面1から3までの動画を見て、質問に答えなさい。

1	**相手の意見を求めたり同意を誘ったりするために、よく提案がされます。その時どのように表せばいいですか。**

2　場面3には、なぜ主張や意見を直ちに表明しなかったのですか。

動画の音声だけを聞きましょう！

場面2をもう一度聞いて、abcdの中から正しいものを一つ選びなさい。

1　部下が展示会に行ったあとの感想は何ですか。

ⓐ 展示会に行くのが嫌だった。

ⓑ 新しいシステムを入れた方がいい。

ⓒ 出張費をカットした方がいい。

ⓓ 得意先を訪問した方がいい。

2　「設備費がバカにならないんだよね」というのはどういう意味ですか。

ⓐ 設備費を心配する必要がない。

ⓑ 設備費がいくらになるかわからない。

ⓒ 設備費について話すのはつまらない。

ⓓ 設備費を軽く見ることはできない。

3　部長は何が一番問題だと言っていますか。

ⓐ お金がかかること。

ⓑ 管理する人が必要なこと。

ⓒ 場所を選ぶこと。

ⓓ 他社にないこと。

場面2をもう一回聞いてから、穴埋めしなさい。

部下：部長、ただいま戻りました。

部長：ああ、どうだった？IT展示会。

部下：いや、____________________。____________________を考えた方がいいじゃないでしょうか。

部長：そうだな。あちこちで入れてるらしいし。でも、設備費がバカにならないんだよね。

部下：いえ、____________________たら、____________________よ。

部長：ん～、そうかもね。でも、一度作ったら、__________________でしょう？

部下：え？と言いますと。

部長：いや、ほかにも____________________とか、____________________とか、必要になるじゃない。

部下：まあ、でも、__________________、__________________と思うんですが。

部長：____________________と、____________________けど。

部下：はい。

部長：得意先の話では、一番の問題は、__________________ってことだったな。

部下：え？どういうことでしょうか？

部長：ほら、____________________限られてくるでしょう？

部下：はい。

部長：____んだよね。それはうちでもおんなじなのよ。

部下：ああ、なるほど。そうですね。

音声を聞きましょう！

次の1から4までの音声をよく聞いて、正しい答えを一つだけ選びなさい。

1　男の人と女の人が、共同プロジェクトについて話しています。女の人は、プロジェクトについて何と言っていますか。

ⓐ 参加する。

ⓑ 参加しない。

ⓒ 参加する可能性が高い。

ⓓ 参加する可能性が低い。

2　取引先の人から電話がかかってきました。取引先の会社は、今後半年間、何が変更になると言っていますか。

ⓐ 会社の住所。

ⓑ 会社の電話番号。

ⓒ 会社の取引銀行。

ⓓ 会社の営業時間。

3　上司と部下が話しています。何について話していますか。

ⓐ 資金の貸与。

ⓑ 商品の返品。

ⓒ 支払いの請求。

ⓓ 機材の借入。

4　男の人と女の人が話しています。何について話していますか。

ⓐ 商品の宣伝。

ⓑ 商品の機能。

ⓒ 商品の外観。

ⓓ 商品の重量。

話しましょう！

以下の例を参考にして、質問に答えなさい。

1　否定的な意見はどのように述べればいいですか。

例　**①意見を述べる前にプラスのコメントをする**

～はいいと思うんです。

おもしろいと思います。

②難色を示す

ただ、～ちょっと…

そうですか。なかなか厳しいですね。

うーん、難しいですね…

2　自分の立場をどのように主張すればいいですか。

例　**私どもといたしましては、～が／～ので／～ものですから…**

それはよくわかりますが／そうかもしれませんが／それはそうなんですが、やはり～というのはちょっと…

寸劇で演じましょう！

以下の場面を寸劇で演じなさい。

場面

Ｚ社社員：Ｙ社にコピー機リースのセールスに来ました。Ｙ社の担当にパンフレットを見せて、商品説明をしてください。

Ｙ社社員：コピー機を4台リースしたいと思っています。Ｚ社の社員の説明を聞いて、意見を述べてください。Ｚ社のパンフレットも参考にしてください。

パンフレットの内容：コピー機リース

値引き　3台以上　1台　¥48,000円

6台以上　1台　¥46,000円

契約期間中のリース料、使用料の値上げなし

豆知識

反対意見

反対意見を言うときは、「お考えはよく分かりますが」などと、まずは相手の意見を尊重して受け入れる姿勢を示した上で、自分の考えを伝えその根拠を示すと、反対意見も周囲に伝わりやすくなります。例えば、他部署の人や上司と通信販売の送料について会議をしているとします。ある同僚が送料の値下げを提案していますが、それに全く賛成できず、この後その提案について発言しようと思っているとき、相手の立場を尊重する姿勢を示しながら、最初に以下のように言うと妥当でしょう。

例　「○○さんのご提案の趣旨はよく分かりますが、業界全体の動向から見て、私は今、送料を値下げするのは得策ではないと思います。というのは、～。」

反対に、自分の意見に対して「お考えはよく分かりますが」とか「そういう見方もありますね」と言われたとき、相手が同じ意見だと思わないように気を付けたほうがいいでしょう。

第十一章

依頼・断る

学習目標

❶ 能够看懂委托、请求、拒绝他人时所需的基本礼仪。

❷ 能够听懂委托、请求、拒绝他人时所需的基本术语和常用表达方式。

❸ 能够根据具体情况熟练地向他人进行委托和请求，并能够恭敬委婉地拒绝他人的请求。

❹ 培养尊重他人的品德和素养。

覚えましょう！

キーワード

分納《ぶんのう》　納品《のうひん》　納期《のうき》　厳《きび》しい　結構《けっこう》　商事《しょうじ》　訪問《ほうもん》　協力《きょうりょく》

前《まえ》置《お》き　変更《へんこう》　残業《ざんぎょう》　招待《しょうたい》　見《み》積《つ》もり　付属《ふぞく》　手配《てはい》　現地《げんち》

調達《ちょうたつ》

重要表現

1　悪いんだけど～

不好意思。

例　悪いんだけど、まずファスナーとか、洗濯ネームとか、下げ札とか、付属品の納期を先に確認してくれますか。

忙しいところ悪いんだけど、先にこの書類をコピーしてくれますか。

2　～てくれる

别人为自己做……

例　納期を先に確認してくれますか。

相談しに行ってくれますか。

3　～ちょっと都合が悪いんです

不方便，没有时间。

例　すみません、今はちょっと都合が悪いんです。

恐れ入りますが、今日は都合が悪いんです。

4　～と思います

认为；想要。

例　難しいと思いますが。

工場には明日行こうと思います。

5　急に～申し訳ないですが～
突然……不好意思。

例　急に伺って申し訳ございません。
急にキャンセルして申し訳ないですが、キャンセル料金は払わないとだめですか。

動画を見ましょう！

場面1から3までの動画を見て、質問に答えなさい。

1　課長が社員にお願いする時や、工場長にお願いをする時に、それぞれどのような表現を使いましたか。グループで討論しなさい。そして、要点をまとめなさい。

2　社員が課長の指示を断る時にどのような表現を使いましたか。そして相手からの誘いや依頼を受けた時、上手に断るコツは何だとグループで討論しなさい。

動画の音声だけを聞きましょう！

場面1から3までの内容を聞いて、abcdの中から正しいものを一つ選びなさい。

1　鞄の注文は全部で何個ですか。

ⓐ 600個。

ⓑ 800個。

ⓒ 1200個。

ⓓ 2000個。

2　社員は課長に何を頼まれましたか。

ⓐ 中村商事へ行って納期を相談すること。

ⓑ 鞄工場へ行って鞄を作ること。

ⓒ 付属会社へ行って納期を相談すること。

ⓓ 鞄工場へ行って鞄を発注すること。

3　鞄工場にはいつ、だれが行くことになりましたか。

ⓐ 今日の午後、社員一人で行く。

ⓑ 今日の午後、社員と課長が一緒に行く。

ⓒ 明日の午前、課長一人で行く。

ⓓ 明日の午後、社員と課長が一緒に行く。

4　鞄工場の工場長は厳しい納期のオーダーの依頼を受けましたか。

ⓐ 納期が厳しいので断りました。

ⓑ 納期は厳しいですが、全力を尽くすと言いました。

ⓒ 納期が厳しくないので受けました。

ⓓ 納期と関係なく依頼を断りました。

場面1の内容をもう一度聞いて、穴埋めしなさい。

社員：課長、さきほど青木アパレルから電話がありました。

課長：例の鞄の件ですか。

社員：はい、________________________が、分納で、1200個は急ぎの分で、____________________の納品で、残り800個は5月末納品希望です。

課長：__________________良かったですね。ところで、問題は納期ですね、もう3月中旬でしょう、一回目の納期________ね。私今から別件で打ち合わせがあるから。________、まず________とか、________とか、______とか、付属品の納期を先に確認してくれますか。

社員：はい、了解しました。

課長：どうしようかな。____________から、電話じゃなくて、今直接付属品会社に行って__________ほうが早いか、中国現地で調達したほうが早いか、相談しに行ってくれますか。

社員：今からですか。すみません、____________________。中村商事様へ訪問する予定がありますので。

課長：そうか。困ったな。

社員：課長、______________________________が。ただ午後4時ぐらいになりそうですが。

課長：それ大丈夫、____________________ので、午後付属品会社で待

ち合わせしましょう。まず付属品会社の担当者に電話で＿＿＿＿＿＿＿＿＿＿

＿＿＿＿＿＿。

社員：はい、了解しました。

音声を聞きましょう！

次の1から4までの音声をよく聞いて、正しい答えを一つだけ選びなさい。

1	**男の人と女の人が話しています。会議用の資料の準備は下記のどれにしますか。**

ⓐ プリントをする。

ⓑ プリントとメール両方をする。

ⓒ メールをする。

ⓓ 何もしない。

2	**男の人と女の人が話しています。女の人はどうしてもう一回メールしなければならないのですか。**

ⓐ 指示されたから。

ⓑ 頼まれたから。

ⓒ 急いでいるから。

ⓓ 変更があるから。

3	**男の人と女の人が話しています。女の人が残業できない理由は下記のどれですか。**

ⓐ 英会話の授業があるから。

ⓑ 体調が悪いから。

ⓒ 友達の結婚式があるから。

ⓓ 引っ越しがあるから。

4 **男の人と女の人が話しています。女の人がオーダーしない理由はどれですか。**

ⓐ 納期が長いから。

ⓑ 値段が高いから。

ⓒ 品質が悪いから。

ⓓ 値段が安いから。

話しましょう！

以下の例を参考にして、質問に答えなさい。

1 **同僚にコピーしてほしい書類を渡す時、どんな前置き表現を入れて依頼したほうがいいですか。**

例 **忙しいところ申し訳ないけど、～**
忙しいところ悪いんだけど、～
この仕事をしてもらう時間はありますか。

2 **お客様を忘年会に招待する時、電話の終りやメールの文末にどんな表現を入れて話したほうがいいですか。**

例 **～ご多忙のところ大変恐縮ですが、是非ともご出席いただけますと幸いです。**
～ご多忙のことと思いますが、ふるってご参加ください。お待ちしております。
～ご多忙中のことと存じますが、是非ともご出席を賜りますようご案内申し上げます。

3 **友達に週末の誕生日パーティーに招待されましたが、その日アルバイトがあるので参加できません。あなたはどのように断りますか。**

例 **ご招待ありがとうございます。～が入っており、参加することができません。**

残念なことに、その日時はどうしても外せない～が入っておりまして。

4 会社で先輩から、一緒に飲みに行かないかと誘われました。どのように断りますか。

例 **誘ってくれてありがとうございます、本当に申し訳ないですが、～**

本当に残念ですが、～ので行けないです。

行きたかったですけど、～ので行けないです。

寸劇で演じましょう！

他人に何かを依頼する時や相手からの依頼を断る際に注意しなければならないマナーをもう一度考えて、以下のような場面を想定して、寸劇で演じてみなさい。

場面 1

あなたはA社営業部の新入社員であり、お客様からのクレームの件で、課長の青木さんに電話して、アドバイスをもらおうとしているのです。

場面 2

あなたはA社営業部の新入社員であり、納期の件で、B工場の工場長に電話をして、納期をもう少し早めてほしいとお願いしようとしています。

場面 3

あなたはA社営業部の新入社員であり、課長の青木さんから仕事帰りに一緒に食事しようと誘いがありましたが、あいにく用事があるため行けないから、断ろうとしています。

豆知識

上手な断り方の公式

友人の誘いやビジネスのお付き合いを断るのは、きちんとした理由があったとしても気が引けるものです。上手な断り方には基本の公式があります。この公式を覚えればほとんどのケースに対応可能です。

【クッション言葉】+【NO】+【理由】+【代案】

【クッション】言葉とは？

相手に「お願い」や「反論」「お断り」などをする際に、その言葉の前に入れて使用するものです。「お断り」の際によく使う言葉として「あいにく」「ごめん」「残念ながら」「お気持ちはありがたいのですが」「申し訳ありませんが」などがあります。言葉の印象を柔らかくする効果があるのでできるだけ使いましょう。

【NO】の言い方

最初から「NO」とはっきり自分の意思を伝えましょう。もちろん相手への気遣いを伴った「クッション言葉」+「NO」から始めましょう。

【理由】を明確に

一般的には、人の誘いを断る理由としては大体「スケジュールの問題」「仕事や勉強の問題」「健康上の問題」「家族の問題」などがあります。「仕事や勉強の関係でだめ」だと伝えるのが一番無難でしょう。

【代案】を提供する

「別の日なら大丈夫です」「この仕事が終わってからなら参加できます」など相手が納得できる代案を提供するのも相手に対する気遣いですのでよく活用しましょう。

第十二章 プレゼンテーション

学習目標

1. 能够看懂产品展示中话题内容结构设计和词汇选择等方面的基本要求。
2. 能够听懂产品展示所需的基本术语和常用表达方式。
3. 能够熟练运用所学的语言知识讨论产品展示的相关话题。
4. 了解中国制造对国际社会做出的积极贡献。

覚えましょう！

キーワード

プレゼンテーション　当社《とうしゃ》　顔認識《かおにんしき》　折《お》り畳《たた》み式《しき》　同類《どうるい》　比較《ひかく》

別《べつ》ルート　機能《きのう》　終了《しゅうりょう》　特徴《とくちょう》　弊社《へいしゃ》　使《つか》い方《かた》　要約《ようやく》　鋭《するど》い

指摘《してき》　対処《たいしょ》　企画《きかく》　提示《ていじ》　構成《こうせい》　仕方《しかた》　結論《けつろん》　予告《よこく》　体験談《たいけんだん》

語《かた》る　収支《しゅうし》　具体化《ぐたいか》　余計《よけい》　取《と》り扱《あつか》い　注意《ちゅうい》　払《はら》う　事情《じじょう》

事業《じぎょう》　来期《らいき》　当期《とうき》

重要表現

1　〜についてプレゼンテーションをさせていただきます。
请允许我开始……的展示说明。

例　新年度の予算計画についてプレゼンテ　ションをさせていただきます。
弊社の新規事業開拓プロジェクトについてプレゼンテーションをさせていただきます。

2　このグラフからお分かりのように〜
如图所示……

例　このグラフからお分かりのように、不景気のため、今年度の売り上げは下がる一方です。
このグラフからお分かりのように、携帯依存症になった若者がどんどん増えています。

3　これまでお話ししてきました内容を要約いたしますと。
总结来说……

例　これまでお話ししてきました内容を要約いたしますと、この取引をやめざるを得ないということです。

これまでお話ししてきました内容を要約いたしますと、うちの新商品は人気商品になっているといっていいでしょう。

4	**～に基づいて** **根据，按照。**

例 長年の経験に基づいて、この計画はうまくいかないかもしれないと思いました。

この映画は実際にあった話に基づいて製作されたものです。

動画を見ましょう！

場面1の良い例と悪い例や場面2の動画を見て、質問に答えなさい。

1	**プレゼンテーションをする際に注意することは何ですか。グループで討論しなさい。そして、要点をまとめなさい。**

2	**プレゼンテーションについて、正しいやり方と正しくないやり方を書きなさい。**

動画の音声だけを聞きましょう！

場面1の良い例と場面2を聞いて、abcdの中から正しいものを一つ選びなさい。

1	**プレゼンテーションを成功させるために最も注意しなければならないことは何ですか。**

ⓐ きちんと挨拶すること。

ⓑ 聞き手への配慮。

ⓒ 先輩にアドバイスをもらうこと。

ⓓ 専門用語をたくさん使うこと。

2	**プレゼンテーションが苦手な人が、無意識のうちに使いがちなNG言葉はどれですか。**

ⓐ 一応。

ⓑ ご質問ありがとうございます。

ⓒ 今日はお集まりいただきありがとうございます。

ⓓ もう一度しっかりと考えてから、次回回答いたします。

3　プレゼンテーションを成功させるコツとして相応しくないのはどれですか。

ⓐ 聞き手への配慮を心掛ける。

ⓑ 模擬プレゼンをする。

ⓒ 事前質疑応答を練習する。

ⓓ 目線をPPTから離さない。

4　会話の内容と合っているのはどれですか。

ⓐ 新商品の機能や使い方についての説明がなかった。

ⓑ 他社と比べて、新商品は競争上優位性がなかった。

ⓒ 顔認識機能について質問があった。

ⓓ 最初の質問に対して、王楽が答えられなかった。

場面1の良い例をもう一度聞いて、穴埋めしなさい。

王楽：皆さん、今日は＿＿＿＿＿＿＿＿＿＿ありがとうございます。

私は中国光明電気株式会社営業部の王楽です。本日は当社の新商品折り畳み式顔認識カメラについて＿＿＿＿＿＿＿＿＿＿＿＿＿＿＿＿＿＿。お話しする時間はおよそ10分でございます。なお、ご質問は＿＿＿＿＿＿＿。

まず折り畳み式顔認識カメラの特徴、機能、使い方についてお話いたします…

次に他社同類商品との比較をご覧ください。このグラフから＿＿＿＿＿＿＿＿＿、弊社の商品は＿＿＿＿＿＿＿＿＿いずれにおいても優れています。

これまでお話ししてきました内容を＿＿＿＿＿＿＿＿＿と…

質問がございましたら、どうぞ。

ご質問はつまり、「AI機能がうまくいかなかったときは、どのように対処すればよいか」という内容でよろしいでしょうか？＿＿＿＿＿＿＿＿＿＿＿＿＿＿＿＿＿＿、ありがとうございます。もう一度しっかりと考えてから、次回、＿＿＿＿＿＿＿＿。

ほかにご質問がございましたら、どうぞ。

先日は顔認識機能に関する質問をいただきましたが、こういうことは＿＿＿＿＿。簡単に説明させていただきますと…。

音声を聞きましょう！

次の1から4までの音声をよく聞いて、正しい答えを一つだけ選びなさい。

1　上司がプレゼンテーションに使う資料について新入社員と話しをしています。この資料がプレゼンに使えない理由は何ですか。

ⓐ テーマが年配者に向いていないため。

ⓑ 内容に誤りがあるため。

ⓒ 脱字・誤字・横文字が多いため。

ⓓ プレゼンの着目点が間違っているため。

2　部長が部下に電話をかけています。部長はこの後何をしますか。

ⓐ 先方の担当者に連絡する。

ⓑ 先方の社長に謝罪する。

ⓒ プレゼンをやり直す。

ⓓ 事情を調査する。

3　後輩がプレゼンテーションのことについて先輩に相談しています。プレゼンを成功させるために、先輩が一番大事だと思っていることは何ですか。

ⓐ プレゼンテーションの前に何度も模擬プレゼンを行って練習を積み重ねること。

ⓑ 専門用語を十分に使って自分がプロであることをアピールすること。

ⓒ プレゼンの初めに、自分が準備不足であると謝ること。

ⓓ 経験のある先輩にプレゼンの準備をしてもらうこと。

4　部下は上司とプレゼンテーションに使う資料を作っています。上司はどんな順番で資料を作るように言っていますか。

ⓐ 当期収支見込み→当期事業報告→来期収支予算→来期事業計画→トピックス。

ⓑ 当期事業報告→当期収支見込み→トピックス→来期事業計画→来期収支予算。

ⓒ トピックス→当期事業報告→来期事業計画→当期収支見込み→来期収支予算。

ⓓ 当期収支見込み→来期収支予算→当期事業報告→来期事業計画→トピックス。

話しましょう！

以下の例を参考にして、質問に答えてみなさい。

1	プレゼンテーションは意識すべきポイントが多くありますが、もっとも重要視しなければならないことは何でしょうか。

例 プレゼンテーションをするとき、～を最も重要視しなければならないと思います。それは～からです。

2	プレゼンテーションを始める前に「人前で話すのは苦手でして、緊張しています」と言う人がいますが、それは良い行為だと思いますか。

例 プレゼンテーションを始める前に「人前で話すのは苦手でして、緊張しています」というのが～と思います。それは～からです。

3	プレゼンテーションを成功させるためにどうすればいいと思いますか。

例 プレゼンテーションを成功させるために、～をしたり、～をしたり、～をしたりしたほうがいいと思います。

4	質疑応答の時間を設けても、質問が一つも出ないことがあります。そういう時、どうしますか。

例 「先日は〇〇〇に関する質問をいただきましたが…」
「例えば、こういうことは気になりませんか？」

寸劇で演じましょう！

ビジネスの場では新しい製品を取引先などに紹介したり、新規開拓のために商品説明会でプレゼンテーションしたりすることがよくあります。以下の場面を想定して寸劇で演じなさい。

場面

人物：あなたは文具関係資材を扱うABC会社販売部の社員です。新製品のプラスティック文具をもって広州国際貿易展覧会に参加します。鈴木さんは一緒に広州国際展覧会に参加している山田スーパーマーケットの販売部の部長です。

用件：新製品の売り込みや顧客開拓のために、あなたは鈴木部長に新製品を紹介します。

任務①：もっとよく知ってもらうために、新製品の説明をPPTで紹介すること。

任務②：PPTには新製品の特徴、使い方、市場で同類商品の有無などを説明すること。

任務③：図表やグラフなどを活用し、新製品の売れ行きなどの予測をもっとわかりやすく説明すること。

任務④：鈴木さんに新製品について何か質問があるかと聞いて、答えること。

豆知識

プレゼンテーションを行う際の正しい言葉遣い

ビジネスにおけるプレゼンテーションのマナーとして一番大切なことは、聞き手への配慮です。聞き手に正しく、分かりやすく、確実に伝えるために、言葉遣いに気を付ける必要があります。

まず、クッション言葉を上手に使って、相手への配慮を示します。例えば「失礼ですが」「恐れ入りますが」「申し訳ございませんが」「差し支えなければ」などの言葉を使って、相手にソフトな印象を与えます。また、否定的なことを伝える時は、婉曲的な表現を心がけます。「わかりません」より「申し訳ございませんが、私には分かりかねます」、「できません」より「あいにくですが、いたしかねます」など拒絶するような印象を与えないような婉曲的な表現を使います。何かを頼む時は、依頼形に言い換えます。例えば、「少々お待ちください」より「少々お待ちいただけますか」、「考え直してください」より「考え直していただけますか」を使うと、相手に柔らかな印象を与えます。

第十三章 商談

学習目標

1. 能够看懂正式场合下商务洽谈时所需的基本礼仪。
2. 能够听懂商务洽谈所需的基本术语和常用表达方式。
3. 能够掌握商务洽谈所需的基本礼仪和语言知识。
4. 培养尊重他人、尊重他国文化习惯的素质。

覚えましょう！

キーワード

商談《しょうだん》　見積書《みつもりしょ》　成約《せいやく》　原料《げんりょう》　価格《かかく》　調整《ちょうせい》　注文《ちゅうもん》　採算《さいさん》

値引《ねび》く　値上《ねあ》げ　値下《ねさ》げ　オファー　市場《しじょう》　相場《そうば》　合理的《ごうりてき》

得意様《とくいさま》　FOB（エフオービー）　納期《のうき》　合意《ごうい》　契約書《けいやくしょ》

重要表現

1　～かもしれません

或许，也许

例　沢田さんは会社にいるかもしれません。

古川さんは行ったかもしれません。

2　～ざるをえない

不得不……

例　用事で、明日国へ帰らざるをえません。

悪天候が続けば、中止せざるをえません。

3　～そうにありません

似乎不，好像不；看上去不……

例　誰にも止めることなどできそうにありません。

弊社は採算が取れそうにありません。

4　～には及ばない

赶不上；不必

例　私の体力は、もう若者には及びませんよ。

そんなこと、心配するには及びません。

5	**～限りでは** 在……的范围内

例 私の知っている限りでは、田中さんはもう会社をやめました。
私が聞いた限りでは、双方はもう合意に達しています。

6	**～ようにする** 尽量做到

例 彼らを納得させるようにします。
太らないようにするため、麺類などを控えています。

7	**～どおりに** 按……的样子；照……那样

例 約束の時間どおりに、来てください。
会議は予定どおりに、行われました。

動画を見ましょう！

場面2の動画を見て、質問に答えてください。

1	**ビジネス商談には、どんな内容が含まれているのでしょうか。グループで討論しなさい。そして、要点をまとめなさい。**

2 商談をうまく進めるコツがあります。それは何でしょうか。グループで討論しなさい。そして、要点を書きなさい。

動画の音声だけを聞きましょう！

場面2を聞いて、abcdの中から一つ選んでください。

1 森田部長一行は何のために訪ねてきましたか。

ⓐ 支払方法のため。

ⓑ 価格のため。

ⓒ 納期のため。

ⓓ 商品の品質のため。

2 商品の値段が高くなった理由は下記のどれだと思いますか。

ⓐ 商品の売れ行きがよくなったから。

ⓑ 商品の広告宣伝費が高くなったから。

ⓒ 商品の原料価格が大幅に上がったから。

ⓓ ほかの会社の商品より品質が高いから。

3　どのぐらい注文すれば、15%ぐらい値引くことができますか。

ⓐ 1000トン。

ⓑ 2000トン。

ⓒ 3000トン。

ⓓ 4000トン。

4　会話の内容と合っているのはどれですか。

ⓐ 2000トン注文すれば、10%値引くことができる。

ⓑ 成約価格はFOBトン当たり2200ドルになった。

ⓒ この商品の国際市場の平均価格はトン当たりFOB2560ドル 。

ⓓ 希望納期は今年の12月。

場面2をもう一度聞いて、穴埋めしなさい。

森田：今日は__________について、______________________。

張青：先日送っていただいた__________を拝見しましたが、この値段だと、__________と思います。できれば、____________________で注文したいと思いますが。

森田：そうですか。ご存知かもしれませんが、今年から、この__________が大幅に__________ので、価格もそれにあわせて、____________________。

張青：それはそうですが、でも、__________、_______________。

森田：では、____________________________。

張青：__________であれば、去年より______ぐらい増やしたいと思いますが。

森田：__________ですから、もし、______トン注文いただければ、10%ぐらい値引くことができますが。

張青：10%でも値段が高いと思います。__________値引いていただけませんか。

森田：20%では、弊社は__________________________ので、もうすこし値上げてくださいませんか。

張青：貴社の価格は__________________より、高いようです。

森田：確かに________________かもしれませんが、でも、安い商品はたくさんありますが、品質の面では、________________と信じております。

永本：私たちは、____________を分析してから、______________。この価格は______と言っていいと思います。

李華：しかし、去年より_____________ことになりますね。

張青：私の知っている限りでは、この商品の________________はトン当たりFOB2500ドルですが、________________、トン当たりFOB2200ドルの価格で購入できます。

森田：では、____________________________________。

張青：少なくとも、____________________________。

永本：森田部長、15%値下げするなら、______________________________。

森田：そうですね。貴社には_____________、______________ことができるでしょうか。

張青：こちらから提出した価格を受け入れていただけるなら、_____を_____と思います。

森田：今まで__________なので、貴社のご希望の価格で__________と思います。では、_____値下げしましょう。__________であれば、何とか__________ようにいたします。この価格は__________、出せませんよ。

張青：わかりました。ありがとうございます。

李華：どうもありがとうございます。確認いたします。もともと___________でしたが、______________ていただいてFOB____________ということになりますね。間違いありませんか。

森田：はい、その通りです。

李華：承知いたしました。

…

音声を聞きましょう！

次の1から4までの音声をよく聞いて、正しい答えを一つだけ選んでください。

1　上司と部下が発注書について話しています。部下はこの後何をしますか。

ⓐ 取引先にお詫びのメールを送る。

ⓑ 取引先と連絡して、新しい発注書を送りなおす。

ⓒ 取引先に再び数量を確認してもらう。

ⓓ 直接取引先を訪ねる。

2　男の人と女の人が話しています。男の人は何のために来たのですか。

ⓐ 部品を持ち帰ってほしい。

ⓑ 値段を下げてほしい。

ⓒ 品質を改良してほしい。

ⓓ 納期を早めてほしい。

3　男の人と女の人が話しています。会話と合っているのはどれですか。

ⓐ 今の企業競争が激しくない。

ⓑ 女は電話で連絡した。

ⓒ 男は部品の単価を30%の割引きをした。

ⓓ 女は部品の単価を安くしてほしい。

4　男の人と女の人が話しています。会話と合っていないのはどれですか。

ⓐ 女の人は電子レンジの価格が妥当だと思っている。

ⓑ 女の人は電子レンジの価格が高いと思っている。

ⓒ 男の人が勤めている会社は大手ではない。

ⓓ 男の人は会社の製品の品質がほかの会社に負けないと思っている。

話しましょう！

以下の例を参考にして、質問に答なさい。

1　価格交渉はどのような言葉を使って行うべきでしょうか。例に基づいて話しましょう。

例　**できる限りやすい価格でオファーしてください。**
申し訳ございませんが、それは、ちょっと…。
～台以上注文いただければ、～％の割引をいたします。
～％なら、いかがでしょうか。
～の値引きなら、買い付けますが、～％では受けられません。

2　値引きの交渉で、もし、取引先が「20％の値引きですか、ちょっと厳しいですね」と言ったら、どのように応答しますか。

例　**そこをなんとかお願いできませんか。**
できれば、～％下げてもらいたいんですが。
できましたら、～％値下げしていただきたいんですが。

3　対外貿易の支払手段について、あなたはどのぐらい知っていますか。知っているものを挙げて説明しなさい。

例　**T/T（ティー・ティー／Telegraphic Transfer Remittanceの略語）対外貿易の支払手段の一つで、日本語では電信為替送金といいます。海外からの銀行振込と言えます。**
L/C（エル・シー／Letter of Creditの略語)対外貿易の支払手段の一つで、日本語では信用状といいます。
D/P（ディー・ピー／Documents against Paymentの略語)対外貿易の支払手段の一つで、日本語では荷為替といいます。簡単にいえば、D/Pは支払い渡しという意味です。

寸劇で演じましょう！

商談には、一般的に、商品の売り込みや引き合い、価格交渉や注文などが含まれます。以下の商談の場面から一つを選んで、寸劇で演じてみなさい。

場面 1

あなたはA社の営業部の社員です。美容機器のセールスにB社に来ました。B社の営業部の担当者に商品説明をしてください。

あなたはB社の担当者です。A社の営業社員の商品説明を聞いてから、意見を述べてください。

場面 2

あなたはAメーカーの営業部の部長です。B社の営業部部長と新開発した全自動コーヒーマシンの卸値について、話し合っています。あなたは一台9,000円という価格でB社に新開発した全自動コーヒーマシンを売り出そうと思っています。

あなたはB社の営業部部長です。Aメーカーの営業部の部長と全自動コーヒーマシンの卸値について話し合っています。あなたはAメーカーに一台7,000円にしてもらいたいと思っています。その理由を述べてください。

豆知識

商談

　よりスムーズにビジネスを行うためには、商談が必要です。商談は普通、商品の売り込みや引き合い、価格交渉や注文などの内容を含んでいます。取引先を訪問する場合、まず商談の目的を伝えます。「今日は、○○について、ご意見を伺いたいのですが」「今日の議論は○○についてです」というような表現を使うといいでしょう。商談の中で、一番難しいのは価格交渉です。その場合、「オファーをいただけますか」「○○の輸出価格は1kg／トン／台当たり～元／ドル／円です」「できれば、～％下げてもらいたいんですが」「たくさん注文すれば、価格を少し下げていただけますか」「ご希望の価格をおっしゃってくださいませんか」「少なくとも、～％値下げしていただきたいんですが」というような表現を使います。もちろん、ビジネスでの商談は勝ち負けをきめるためのものではありません。商談は問題解決に向けて相手との信頼関係を構築し、協働していくためのものであることを覚えておきましょう。

第十四章

報・連・相

学習目標

1. 能够看懂报告、联络、商量所需的基本礼仪。
2. 能够听懂报告、联络、商量所需的基本术语和常用表达方式。
3. 能够使用正确的表达方式进行报告、联络、商量。
4. 认识到报告、联络、商量在工作中的重要性，辩证地看待中日企业的不同文化价值观。

覚えましょう！

キーワード

プレゼン/プレゼンテーション　進捗《しんちょく》　ひととおり　予測《よそく》

問答集《もんどうしゅう》　提案《ていあん》　ストーリー　組《く》み立《た》てる　スライド　駆使《くし》

指摘《してき》　腹痛《ふくつう》　ブランド力　新規《しんき》　売《う》り上《あ》げ　傾聴力《けいちょうりょく》　改善《かいぜん》

点数《てんすう》　論文《ろんぶん》　書評《しょひょう》　随筆《ずいひつ》　商事《しょうじ》

重要表現

1　～ようとする

努力尝试做某事

例　ダイエットのために、運動しようとしています。

鈴木さんは30歳になる前に何とか結婚しようとしています。

2　～ため（に）

目的；原因

例　急用ができたため、飲み会に行けなくなりました。

強風のため、多くのフライトが欠航になりました。

3　～そうだ

看样子，看来

例　道路が混んでいるので、待ち合わせに間に合わなさそうです。

来月から新企画が始まるので、人手不足になりそうです。

4　お大事に（してください）

请多保重

例 ゆっくり休んでお大事にしてください。
どうぞお体をお大事になさってください。

動画を見ましょう！

場面1から3までの動画を見て、質問に答えなさい。

1	**報・連・相を行う際に注意することは何ですか。グループで討論しなさい。そして、要点をまとめなさい。**

2	**報・連・相について、正しいやり方と正しくないやり方を書きなさい。**

動画の音声だけを聞きましょう！

場面1、場面3の良い例と場面2を聞いて、abcdの中から正しいものを一つ選びなさい。

1　李さんは永本課長に何を報告したいのですか。

ⓐ プレゼン資料の作り方。

ⓑ プレゼン資料作成の進捗状況。

ⓒ 想定問答集の内容。

ⓓ お客様からの質問。

2　李さんの作ったプレゼン資料に対して永本課長はどのように評価しましたか。

ⓐ 作り直すように言った。

ⓑ まったく分からないと言った。

ⓒ 張さんに作ってもらうように言った。

ⓓ さらに改善すると、もっと分かりやすいと言った。

3　李さんはどうして会社に遅れたのですか。

ⓐ 渋滞がひどかったから。

ⓑ 電車が運転見合わせになっていたから。

ⓒ お腹が痛かったから。

ⓓ 朝寝坊したから。

4　会話の内容と合っているのはどれですか。

ⓐ 上司からの指示やアドバイスを受けるときに、メモを取る。

ⓑ 結果だけを報告すればいい。

ⓒ 相談するとき、相手の都合を確認しなくてもいい。

ⓓ 自分で考えず、直接上司に相談したほうが効率がよい。

場面1の良い例をもう一度聞いて、穴埋めしなさい。

（永本が資料を読んでいる間に、李佳は報告を続けます。）

李佳：______をはじめ、____________のみなさんから出された意見をまとめたうえで、半月かけて____________を作りました。そして、事前に__________ ______________。____________________________ことが予測されるためです。なお、張さんは営業部を代表して__________________予定です。____ ______________張さんなら、______________________________と信じています。

永本：はい、分かりました。資料の______________________________。ただし、もっと相手に分かりやすく伝わるように、スライドには________________ __________________________ほうがいいですよ。

…

音声を聞きましょう！

次の1から4までの音声をよく聞いて、正しい答えを一つだけ選びなさい。

1 男の編集長が新しく出版する論文集について話しています。その本にはどんな内容を入れることになりましたか。

ⓐ 論文だけ。

ⓑ 論文と書評だけ。

ⓒ 論文と随筆だけ。

ⓓ 論文と書評と随筆。

2　社長の今日の予定はどうなっていますか。

ⓐ 午前中は経営会議で、午後は商品企画部の会議だ。

ⓑ 午前中は空港まで福田最高顧問を迎えに行くが、午後は特に予定がない。

ⓒ 午前中は特に予定がなくて、午後の会議が中止された。

ⓓ 午前中は特に予定がなくて、午後は予定通りに会議がある。

3　男の人が女の人に話しています。男の人は計画について何と言っていますか。

ⓐ 事前に販売計画を確認しておいたほうがいい。

ⓑ 事前に部長の許可を取るべきだ。

ⓒ 事前に実行する人にも計画を伝えるべきだ。

ⓓ 事前に自分に報告しなかったから困る。

4　課長と部下が会社で話しています。課長は部下にどうするように言っていますか。

ⓐ 東京商事に連絡する。

ⓑ 千葉電気との商談を優先させる。

ⓒ 東京商事の担当を変える。

ⓓ 千葉電気との商談の仕事を変える。

話しましょう！

以下の例を参考にして、質問に答えなさい。

1　途中経過や結果、トラブルなどについて報告したい時、どのように言いますか。

例 **今、お時間よろしいでしょうか。**

～の件でご報告したいのですが、～

こちらは～の報告書です。目を通して頂きたいのですが、よろしいでしょうか。

おかげさまで、～

残念ながら、～

2　勤怠関係や日程変更などについて連絡したい時に、どのように言いますか。

例 **～について、ご連絡いたします/ご連絡申し上げます。**

～ため、～

ご迷惑をおかけして本当に申し訳ございません。

3　問題点や仕事上の悩み、判断を仰ぎたい事項などについて相談したい時、どのように言いますか。

例 **～について、よく理解できないのですが、何かアドバイスをいただけますか。**

～を知りたいのですが、教えていただけませんか。

大変恐縮ですが、よろしくお願いします。

寸劇で演じましょう！

仕事をスムーズに進めるためには、「報・連・相」が欠かせません。以下の「報・連・相」の場面から一つを選び、寸劇で演じてみなさい。

場面 1

あなたは〇〇会社の営業部の社員です。今日10時に東京商事との打ち合わせを予定していますが、先ほど相手から「交通渋滞のため15分ほど遅れる」という連絡が来ました。その旨を会議に出席する上司のBさんに報告してみてください。

場面 2

あなたは急に体調が悪くなって会社を早退する必要があります。まだ終わっていない仕事は同僚に引き継いでもらうつもりです。上司のBさんにその理由を述べて許可を得てください。

場面3

あなたは先輩から「この会社の見積書を急いで作成してもらえないか」と依頼されました。ほかに取り掛かっている業務もあるため、どちらを優先にすべきか悩んでいます。仕事の優先順位のつけ方について、上司のBさんに相談してみてください。

豆知識

正しく伝える「報・連・相」のコツ

「報・連・相」とは「報告」「連絡」「相談」の一文字ずつを取った言葉です。これらはビジネスにあたっては基本中の基本です。仕事を円滑に進めるためには、「報・連・相」が不可欠です。ここでは、正しく伝える「報・連・相」のコツを学びましょう。

1. 相手の都合を確認する

相手に貴重な時間を割いてもらうので、都合を確認するのはビジネスマナーの基本です。例えば、上司や先輩に声をかけるとき、「今、ちょっとお時間よろしいですか」「お時間いただいてもよろしいですか」というようなフレーズがよく使われます。

2. 適切なタイミングに即実行

「報・連・相」が遅れると、仕事に支障を来すことがあるので、悪い情報ほどリアルタイムに情報を共有しましょう。例えば、「～について、ご報告させていただきます」「（お時間のあるときで構いませんので）～について、ご相談させていただきます」といったフレーズを使います。

3. 「報・連・相」は簡潔に結果や結論から伝える

結果や結論に至る経過説明や原因分析が必要ならば、詳しく話すようにしましょう。ビジネスの場では、ぜひ「結論から言うと～」を心がけましょう。

4. 客観的な事実を正確に伝える

事実と自分の意見や憶測を分けて簡潔明瞭に述べましょう。上司に報告する際、「～のようです」「～らしいです」「大丈夫だと思います」といった伝聞や推測の表現を避けるようにしましょう。例えば、「それでは、現状についてご報告いたします。～というトラブルが起こりました。その対策案についての私の意見ですが…」と言って、事実と自分の意見を切り分ける意識で話すように心がけましょう。

5．メモを持参する

重要な事柄やキーワードは必ずメモを取ります。そしてそれを習慣化しましょう。

6．口頭報告か書類報告かを選ぶ

急ぎの報告や簡単な内容の報告は口頭で伝えるのがよいでしょう。報告する内容が複雑な場合、或いは記録を残す必要がある時は、適切な資料を添えて報告しましょう。

第十五章 クレーム・苦情

学習目標

1. 能够看懂处理投诉、索赔时所需的待客态度、道歉技巧等基本礼仪常识。
2. 能够听懂处理投诉、索赔所需的基本术语和常用表达方式。
3. 能够熟练使用所学的语言知识讨论处理投诉、索赔的相关话题。
4. 为了将来能够从容应对客户的不满，为客户提供合理解决方案，有意识地培养自己谦虚、诚恳、友善的品质。

覚えましょう！

キーワード

苦情《くじょう》　加減《かげん》　修理《しゅうり》　回《まわ》す　説明書《せつめいしょ》　取《と》り替《か》える　引《ひ》き継《つ》ぐ

状態《じょうたい》　誠実《せいじつ》　不都合《ふつごう》　立場《たちば》　たらい回《まわ》し　繰《く》り返《かえ》す　感情的《かんじょうてき》

機械《きかい》　身振《みぶ》り　後回《あとまわ》し　反論《はんろん》　責任転嫁《せきにんてんか》　察知《さっち》　適切《てきせつ》　謝罪《しゃざい》

故障《こしょう》　心情《しんじょう》　トラブル　オリエンテーション　クレーム

重要表現

1　～を聞かずに～

没有问……就……

例　お客様の電話番号を聞かずに電話を切ってしまいました。

機械故障の原因を聞かずに修理し始めました。

2　たとえ～なくても

即使不是……也……

例　たとえ自分の責任ではなくても、お客様の立場に立って対応しなければなりません。

たとえそのことを知らなくても、積極的に推し進めるべきです。

3　～によって

根据，依据……

例　場合によってはこの契約を中止しなければならないかもしれません。

機械の故障原因によっては新しいものにお取替えることができます。

4 **～ないまま～**
没有……就……

例 状況を把握しないまま全面謝罪することはよくないことです。
アポイントを取らないままいきなり会社訪問するのは失礼なことです。

動画を見ましょう！

場面1の良い例と悪い例の動画を見て、質問に答えなさい。

1 **クレームに対応する時、どのようなことに注意しなければなりませんか。グループで討論しなさい。そして、要点をまとめなさい。**

2 **クレーム対応について、正しいやり方と正しくないやり方を書きなさい。**

動画の音声だけを聞きましょう！

場面1の良い例をもう一度聞いて、abcdの中から正しいものを一つ選びなさい。

1　お客さまは何のために、電話をしてきたのですか。

ⓐ 挨拶するため。

ⓑ パソコンの性能について相談するため。

ⓒ パソコンを買い替えるため。

ⓓ クレームを言うため。

2　対応者はどのように対応しましたか。

ⓐ 電話を別の担当者に回した。

ⓑ 客の操作ミスでパソコンが壊れたと言った。

ⓒ パソコンの状態を確認するため、客を店に来てほしいと言った。

ⓓ 取り換えられないと伝えた。

3　お客さまはいつパソコンを購入したのですか。

ⓐ 昨日。

ⓑ 先日。

ⓒ この間。

ⓓ 一昨日。

4 会話の内容と合っているのはどれですか。

ⓐ 客は説明書通りにパソコンを設定しなかった 。

ⓑ 客はパソコンの修理を頼んだ。

ⓒ 担当者は自分の担当ではないので、クレームを受け付けないといった。

ⓓ 不具合の状態によっては新しいパソコンに取り換えられる可能性がある。

場面1の良い例をもう一度聞いて、穴埋めしなさい。

担当者：お電話かわりました。____________________。

お客さん：先ほどお話ししたんですけど。

担当者：大変失礼いたしました。____________________________________。恐れ入りますが、もう一度______________________________。

お客さん：昨日そちらで買ったパソコンが動かなくて、故障したみたいです。

担当者：______________________________。状態を詳しく教えていただけますでしょうか。

お客さん：昨日そちらで買ったパソコン、動かないんだけど。説明書通りに設定されたのに、突然動かなくなったんだ。新しいものに_______________。

王楽：説明書通りに設定されたのに、突然動かなくなったということですね。__________は新しいものに________________。ご購入いただいたパソコンの状態を________________ので、一度お越しいただけないでしょうか。

お客さん：わかりました。よろしくお願いします。

音声を聞きましょう！

次の1から4までの音声をよく聞いて、正しい答えを一つだけ選びなさい。

1 クレームの電話が回ってきました。商品を取り替える理由は何ですか。

ⓐ 物流が遅いため。

ⓑ 商品が少し傷んでいるため。

ⓒ 商品がひどく傷んでいるため。

ⓓ 商品の取り扱いが乱暴だったため。

2　お客様が怒っています。何に怒っていますか。

ⓐ 待たされたため。

ⓑ 店が混んでいるため。

ⓒ 順番が間違われていたため。

ⓓ 店員の態度が悪かったため。

3　女性社員がお客様と話しています。女性社員はこの後何をしますか。

ⓐ 商品を取り替える。

ⓑ 担当者に連絡する。

ⓒ お客のところに謝りに行く。

ⓓ 何もしません。

4　女性店員がお客さんと話をしています。お客さんはなぜ怒ったのですか。

ⓐ 注文品がまだ届いていないから。

ⓑ 年末セールで忙しいから。

ⓒ 店員の態度が悪かったから。

ⓓ キャンセルしてくれないから。

話しましょう！

以下の例を参考にして、質問に答えなさい。

1　電話でクレームに対応する時は、声の出し方、言葉遣い、電話の扱いなどについて、何に注意すればいいですか。

例 **～たほうがいいと思います。**
～をしてはいけません。

2 対面でクレームに対応する時は、声の出し方、言葉遣い、立つ位置、態度などについて、何に注意すればいいですか。

例 **～には～に注意しましょう。**

3 すべてのクレームに対して全面謝罪する必要があると思いますか。

例 **～に対して～する必要がありません。**

4 お客様の勘違いや過失によるものだった場合どのように対処したらいいですか。

例 **～たほうがいいと思います。**

寸劇で演じましょう！

対面でクレームに応対する時、表情・声・姿勢から、会話内容、立つ位置まで様々なところに注意を払う必要があります。それらについて考えながら、以下の場面を寸劇で演じてみなさい。

場面

人物：あなたはABCスーパーマーケット受付係の張です。小林さんは取引先の小林商店販売部の部長です。
用件：小林さんから今日納入した弁当の数が注文とは違っているという電話クレームがありました。電話に出たあなたが対応しなければなりません。
任務①：まず、小林さんからクレームの詳細を聞くこと。
任務②：このような間違いがあったことについて、とりあえず謝ること。
任務③：事実を確認するため、内部電話で担当者に連絡を取ること。
任務④：担当者からの解決策を小林さんに伝えること。

豆知識

悪質クレーマーからの電話応対

商品やサービスに対する苦情や不満をクレームといい、それを執拗に行うものをクレーマーといいます。近年の日本では過度の要求をしたり、ときには暴言や暴力をともなうような不当な行為を行うような特に悪質なクレーマーが問題になっています。こうした人々に対してどのように対応できるかが現代のビジネス活動には重要なことです。

悪質なクレームを乗り越えるために絶対忘れてはいけないポイントがあります。まず必要なことは、できるだけ詳細にやり取りを記録することです。例えば、クレームの内容、交渉の推移や相手の様子などを記録します。もちろん、資料や証拠として録音する方法もありますが、更なるトラブルを回避するために、録音する前に相手に「今からのお話を録音させていただきます」と告げたほうがいいでしょう。また、安易な約束は、命取りとなる危険をはらんでいますので、注意しなければなりません。「私の一存では決めかねますので、しかるべき者と相談の上ご報告いたします」とその場をやりすごすのが得策です。

悪質クレーマーに対しては、逃げることなく、事を荒てないという一見難しく思える対応が必要と感じられるかもしれませんが、本当に必要なのは対応の基本をしっかり守ることです。

Memo

Memo

Memo

Memo